面對、處理與創造改變的九個法則

與改變對話

WHEN EVERYTHING CHANGES CHANGE EVERYTHING

尼爾・唐納・沃許 Neale Donald Walsch—著 林宏濤—譯

專文推薦

改變後的風景精彩而令人期待

余秀芷

大多數的人害怕改變，尤其怕要打破原本既有的習慣，而大多數人的害怕來自於改變後的未來、未知。

有些改變你可以選擇要或不要，但有的改變並不是自己能去掌控的，例如意外。意外的發生總是讓人感覺十分無力，因爲那是種無法去減緩或控制的強迫式改變，你必須要在最短的時間內被迫接受，但大多數的情況是只有身體接受了，心卻一直處在抗拒改變的狀態。

在剛發生癱瘓的那幾個月裡，我發現自己的身體已經逐漸適應了下半身無法行動的狀態：雙腳無法移動，因此手臂開始強壯有力；失去知覺，所以身體會出現不自主的反射抽動來表現疼痛。只是身體雖然準備好了，但在心沒有做好準備的狀況下，什麼事情都是不順利的，這世界一切的風景都是醜陋的，只因爲我的內在並無法接受下肢癱瘓的重大改變。

我一直相信內在的心智是可以掌控一切的，無論身體是什麼狀況，透過內在的思考就能讓所有的改變成爲生活的動力。

曾經有段時間我怒視生活中的一切，同時也自怨自艾所處的癱瘓狀況，身體非但沒有因此而有所進展，情緒更是一觸即發的緊繃，我憤怒、悲傷、痛苦、無助，每天都被負面的情緒壓得喘不過氣來，直到內在的自己想衝出這團灰暗，才開始將所有的情緒都賦與其存在的意義，先去釐清我究竟是爲了什麼感到憤怒，爲什麼會悲傷，當清楚了情緒的來由，悲傷不再是悲傷，而憤怒也可以是生活中的動力，每個情緒的存在因此改變成爲重要的行動力。

改變了情緒對於自己的意義，我更加珍惜愛護自己，也更加把握這只有一回的生命時間。既然未來總是被我想的那樣複雜與可怕，那不如就專注於當下的自己吧！做好此時該做的事情，處理好此時該有的情緒，每個當下無論是喜是悲，都能細細地去享受其中，而當下的每個時刻也正堆砌著未來的我。

改變所帶來的，未必是不好的未來，改變的當下或許是難熬的，但改變後的風景絕對是精彩而令人期待的。

過去的自己常認爲許多事情對於癱瘓的我來說是不可能達成的，但是在經歷身體與思考的改變後，我對於事情的看法變成：「不去做，永遠不知道可不可能。」因此我開始期待改變所帶來的一切，我去嘗試了曾經認爲不可能的飛行傘。無法行動的雙腳，怎麼助跑？怎麼降落？想了數百回不如親身去體驗。即使雙腳無法奔跑，但這一路上有許多的朋友擔任我的雙腳，幫著我奔跑、幫著我降落，無法行動的雙腳卻讓我飛行了好多回，我感謝這段期間曾經擔任我雙腳的人，也感謝自己勇敢、樂於改變。

生命中的改變讓我心靈提昇，讓我視野寬廣，也讓身邊的朋友跟著我成長，即使身體還是有所不便，但內心眞實地感謝這意外的改變所帶給我的一切。在這本書裡印證了許多改變所帶來的奇妙之處，許多例子一再讓我想起過去的自己，十分受用也十分眞實，推薦給大家。

本文作者爲作家兼電台主持人

專文推薦

改變是學習的完成式

吳祥輝

改變，有人當成樂事，有人視爲畏途，更多的人只是因爲不得不。其實，改變是人生唯一的元素。喜歡改變的人，無形中掌握生命的眞正本質。這本書幾乎都在談「改變」。不信神的人恐怕要先「與改變對話」，才能「與神對話」。這本書對信神或不信神，可能信或打死也不信的人，都一體適用。這正是一種「改變」。

不喜歡改變的人最擅長抱怨。看電視新聞很生氣？看報紙更生氣？台北房價貴？一輩子買不起房子？嚇得連上班都沒勁，邊領薪水邊抱怨，連領薪水的美事都還要抱怨，眞的是非「與改變對話」不行。

改變很簡單。一通電話，有線電視公司就來剪線，每個月省六百元。報紙停訂，兩相加總，一年省約一萬元，落得清靜。如果怕故態復萌，每年捐一萬元給家扶中心。預算已經他用，後患永絕。雪隧那頭的頭城鎮，每坪六萬元還可以找很多。除了週末和假日，平常天單程只要三十到四十分鐘。有客運可以坐。六千元新台幣可以租到四房兩廳。算數很容易，難在生活方式的改變。晚上十點睡覺，早上六點起床。下班不應酬，上班不遲到。住在山的那一邊，人生不美妙？

當然不美妙。不喜歡改變的人的第二專長是找理由。

住那麼遠上班不方便？神經病。晚半個小時回到家，眞有差那麼遠？

小孩子要上明星學區怎麼辦？神經病。明星學校的老師就比較會教？

沒看報紙電視聊八卦時插不上嘴？神經病。不會光聽不說？

改變就是這樣氣人。

什麼叫改變？爲什麼要改變？用最通俗的話來說，就是「從不快樂變成快樂」。

爲什麼不快樂？「不快樂的人是因爲關心自己太多。」這是畢嘉士醫生說的。他是我所認識的人當中最快樂的。八十五高齡，行動挺拔如四、五十歲，他的快樂不言可喻。他爲台灣人奉獻一生，看著他和過去病人的互動，就是一種無比的享受和感動。

一位現任國立大學中文系系主任的當年病患說：「我在畢醫師身上遇見上帝。」一語道盡病友們對畢醫師的感激和崇敬。畢醫師卻跟病友不斷道謝。他沒把話說俗了。他只說感謝。是的，他感謝這些當年被認爲無藥可救或被放棄或遺棄的小兒痲痺患者。這些人成就他行善的一生。沒這些不幸的人讓他撿拾，他沒有這麼棒的人生。

許多人愈想改變卻愈不快樂，正是犯了本質性的錯誤。需要的不多，想要的卻太多。明明只是牙痛，把牙痛治好就該快樂了，卻希望醫生能順便替他整形塑身美容。快樂，從關心別人開始。因爲，快樂絕對是別人給我們的。

如果，您同意「快樂絕對是別人所賜」、「關心別人是改變的開始」，那麼讓我們開始來「與改變對話」。

《與改變對話》書中最令我回味的故事發生在美國：

隆納被控在一九八四年強暴珍妮佛。因爲她指證歷歷，他坐牢十一年之久。後來，DNA成爲犯罪偵查的顯學，新的DNA證據證明強暴犯另有其人。一九九五年，隆納獲得平反，黃金歲月卻早已在監獄裡消失無蹤，一去不回頭。

隆納獲釋後第一次見到珍妮佛時，她淚流滿面地說：「我即使以此生的每個小時、每一分一秒對你說我很抱歉，都不足以訴說我的感受。我很抱歉。」

「我原諒妳。」隆納伸出手，輕聲地說：「我不要妳老是回頭看，我只要我們都能快樂向前走。」

害怕改變的人恐怕很難相信這個故事是眞的，至少也會認爲一般人很難做到。然而，喜歡改變的人可能並不會懷疑這種平凡人性中的眞實。情節的張力其實僅僅是兩個改變的人面對事實的喜相逢。平凡無奇，絕頂深刻，扣人心弦，動人肺腑。

《與改變對話》不高唱「神跡」或「恩典」。他闡揚「神性其實就在人性之中」。

書中有個趣味的小情節：講師要用實例讓一位學員了解，「唯一的恐懼是恐懼本身」。他們雙方言明並確認要試試這個方法。

「妳不會生我的氣？無論發生什麼事，只要我不傷害妳。」講師做最後的確認。

「不，我不會對你發脾氣。不會比現在更生氣。」

接著，講師對著她大吼，愈走愈近。她嚇哭了。書中仔細描述接下來的對話。簡要地說，學員認爲講師嚇到她了。講師則認爲「是妳自己嚇自己」。這例子眞精彩，因爲這類自己嚇自己的例子，我在台灣看了半輩子。上述的看電視生氣、看報紙火大、領薪水不快樂，就都屬於「諸如此類」。

改變聽起來天翻地覆。事實上改變和學習不只是同義字，改變更是學習的完成式。

爲了追求經濟和心靈上的最佳平衡。如果可以選擇「與狗對話」「與貓對話」，爲什麼不能選擇「與改變對話」？您會有什麼風險？什麼損失？

本文作者爲知名作家

專文推薦

人生唯一的不變，就是改變！

陳雅琳

我四歲的時候，年輕帥氣的父親生病腦中風導致半身不遂、失去了工作，我的原生家庭頓時失去經濟依靠，媽媽肩負起照顧一個重病丈夫與四個小孩的責任，爲此只好到成衣工廠踩裁縫機賺錢養家。我們全家擠在一個租來的十坪大房子，地上只有一張床墊是給父親躺的，有的時候爸爸又得住在台南醫院裡治療，媽媽像蠟燭兩頭燒似的，到處奔波，就只是爲了讓家人能夠生存下去。在這樣的經濟困頓下，我自然沒辦法上幼稚園，每天自己一個人關在家裡，也不知道怎麼過的，等到三個哥哥放學回來，他們會拿校帽當布偶、拿毯子當戲台，熱鬧地演布袋戲給我看；孤寂了一天，終於等到一點快樂時光，我已經很滿足了。

過了三年，爸爸撒手人寰，我們成了單親家庭的孩子，大哥適逢高中聯考，成績不錯的他不忍母親操勞難過至身心靈負荷不住，決定犧牲自己的升學夢，瞞著母親沒去高中報到。就這樣，他開始當布行學徒，賺取微薄的金錢供養弟妹讀書，也幫媽媽分擔家計。而我這位從小無所求的么妹呢？拜國民教育之賜，小一時終於離開家庭去讀書，而不像其他孩子會有家長帶著到學校去就讀，我孤零零且獨立地去找到教室，安靜地看待這個新鮮的人世間……

回憶我的求學過程，還好成績一直是屬於高成就的孩子，一路上老師和同學給的關愛很多，再加上老天給的一些天賦，使得我拿筆就能畫畫、書法、作文，參加演講等各類比賽，得獎無數，雖然經常礙於權勢上的弱勢，很多獎項會被有錢人家的子弟A走，但我不覺得難過，因爲我清楚知道自己擁有多少的實質面；我也不會把這種事告訴媽媽，因爲告訴她也改變不了什麼，只會讓弱勢的她更難過而已。我靠著三份獎學金念完國中（有時還倒賺），畢業考上台南女中沒去念，反倒是去念更難考的台南師專。我想，等人生經濟獨立之後，再去讀自己想讀的。後來我才會一邊教書、一邊把大眾傳播系和新聞研究所念完，直到現在攻讀博士班。

念了公費的台南師專，畢業後當然得服務教小學，這段期間我帶領無數學生參加各項學藝競賽，也和天眞無邪的孩子培養出一生的情誼，直到念新聞碩士班時，義務服務期限滿了，我跑去考報社記者，考上了，秉持著想當一個爲民喉舌、深度了解社會脈動的新聞人理念，毅然決然的，我拿著辭職書去向校長「告辭」。這位笑容可掬的小學校長嚇了一大跳，他說他這輩子還沒遇過誰要把老師這個鐵飯碗給捨棄的，他還告訴我，老師工作很穩定、寒暑假照領薪水、有退休金之類的，很多人都還在校外排隊等著當代課，妳怎麼要辭職呢？校長一再闡述的傳統觀念我都懂，甚至，那個時候的追求者就是希望娶一個女老師回家相夫教子，但我沒有想太多，只覺得有滿腹理想要追求與實現。於是，慈祥的校長說，「妳還年輕，想出去闖一闖，可以理解，那給妳兩年留職停薪的時間，如果闖累了，就回來吧！」我眞的非常感謝校長爲我保留了後路，否則我就是那種一路往前衝的個性。不過，兩年後，我正式回去辭職了，因爲我覺得，我更熱愛新聞工作。

從小學老師變成新聞記者，這算是很大的轉變了，當然，那位想要娶女老師回家相夫教子的男性也漸漸在我生命中消失身影。接下來的日子，我賣命的上山下海，就是想扮演一個優秀記者的角色。還記得當菜鳥記者的第一週，我就鍥而不捨地跑到權威的頭版獨家消息，立刻獲得同業不同的眼光，視我爲可敬的對手；每天，我是最後一個離開辦公室的，總是把新聞線上的大小事務聯絡完畢，也思考可以發展的議題與方向。後來我的升遷很快，直到台灣電視媒體終於開放，我被挖角到ＴＶＢＳ，使命是要成立台灣第一個新聞頻道。基於這項工作更可以讓我發揮影像視聽寫作的專長，我答應了，沒想到驚動報社董事長親自出來留人，說已經計畫把我培植成報社非常權威的首席政治記者，問我是否可留人？我眞的感謝他，一位台灣本土財團鉅富的大老闆，會爲一位小記者而循循善誘，讓我由衷佩服與感動，在無盡感激知遇之恩並獲得諒解後，我跳槽到更具挑戰性的電視新聞圈，畢竟，那終於可以顛覆被老三台所長期寡斷的新聞文化，發揮更大的影響力了。

其實，新聞這個工作，每天面對的，就是改變！因爲「突發」才是新聞，例行公事就成了索然無味的菜。而且，在主播台上，你會面臨到各種突發狀況，例如：要開播了，但從頭條到第十條新聞的帶子都還沒到，要怎麼播？播新聞播到一半大地震來了，連佈景都掉下來打到你的頭，這時你要故作鎮定地繼續講現場，還是逃生去？九一一恐怖攻擊事件，飛機撞摩天大樓的意外突然在你播報新聞的時候發生，你怎麼去解釋這一切？但這一切工作內容的變化，都只是一種專業素養的發揮而已，本書要講的，就是人生的一些重大變化。

在電視職場上的第十二年，我被挖角到另一家電視台當總編輯，朋友常笑我說，我這個超級穩定的金牛座女生要換工作眞是難啊。沒錯，教書生涯六年就教過一間學校、報社三年就待過一間、電視台十七年至今兩家，穩定性極高，但每一次的轉變，都讓我人生有更多的收穫，因爲，你領略的層面一定有所不一樣。想想，年輕時的轉變，充滿勇氣，年長一點時的轉變，有時卻也多所恐懼，因爲那是對未來的不確定性，此乃人之常情；尤其，生命中的巨變不只在工作上，在感情婚姻上，我也曾經遭遇極大的挫折，脆弱到難以承受；在家庭上，從小就遭遇喪父的生離死別，長大又再遇到一切化爲烏有的經濟磨難，人生，似乎就是一場挑戰與冒險，有太多東西一直在改變，這是我們必須面對的生命課題。

每次，面臨改變的時刻，我會想想母親這一生的磨難，身爲傳統女性的她，都活出這麼堅毅的一生了，我們還有什麼不能面對的？因爲改變，我們會失去現在知道的一些東西，但相對的，我們也可能會獲得不可知的更多東西。重點是，改變來的時候，我們如何和它理性地對話與相處，創造出人生下一個更高的境界！這是本書的精髓所在，值得您細細品味。

本文作者爲壹電視新聞台總編輯暨主播

專文推薦

一場心智搏鬥靈魂的對話

彭蕙仙

二〇〇八年歐巴馬以競選口號「Change」（改變）贏得選民青睞，順利當選成爲美國有史以來的第一位黑人總統——看起來，人們似乎很喜歡改變、期待改變，並且進而支持改變。然而，放在個人生活與生命經驗的層次，一如本書作者所說，改變其實常常帶來的是我們的恐懼，改變，不見得那麼歡悅。但我們恐懼的到底是什麼呢？

哲學家康德的「認識論」概念指出，人其實無法眞正認識事物本身，只能依憑心中已有的範疇結構來建構出對某事物的認識；社會學家盧曼以此出發，提出一階觀察與二階觀察，一階觀察是指對於事實的觀察，二階觀察則是針對觀察者如何去觀察事實的觀察；我們要透過二階觀察才能夠在「自我指涉」與「異己指涉」之間做出區別的系統。本書作者反覆闡述的，也可以看作是這個論述的白話文版：我們對這個世界的回應其實常常是根據自己所建構的世界觀的反應。

這種說法當然我們並不陌生，常用的成語說「境由心生」，出自王國維的詩「早知世界由心造，無奈悲歡觸緒來」，往前追溯，辛棄疾早說了「我看青山多嫵媚，料青山看我亦如是」，這種觀點的勵志版則叫作「態度決定高度」。本書作者的創意是把這個觀點結合了認識論，並且選定了一個讓大家又愛又恨、既期待又怕受傷害的主題：「改變」，與讀者進行一場心智搏鬥靈魂的對話。

通常我們認爲人們害怕改變是因爲不確定，因爲你不知道「改變」發生了之後，會帶來什麼樣的結果（或者結局），所以我們會本能性地抗拒改變，但這又如何解釋許多時候我們很樂於擁抱改變，很期待生命可以因爲改變的發生而呈現不同？或許眞正讓人們產生負面情緒的，不是改變的本身，而是我們對改變的結果，甚至於，改變發生的原因產生憂懼。我們對「改變」會帶來什麼樣的「改變」，常常根據我們過往的經驗；經驗卻可以分成「所經歷的事件」與「所感受的經歷」，作者用三個眞理來描述：眞實的眞理、顯見的眞理與想像的眞理；大部分的時間裡，我們是用「想像的眞理」，也就是盧曼提醒的「被建構的實在」，來跟人生打交道，其帶來的結果是「未戰先屈」、是「不寒而慄」——如果我們懂得把改變視爲人生的一個「常數」（constant），而不是變數（variable），或許我們就不會那麼驚惶失措，以致於讓改變眞的變成了災難。

但誰能夠眞的把改變視爲平常？就算我們讓琅琅上口「世上惟一不變的眞理就是改變」，但是我們就是不能不含價値判斷地面對改變，因爲你我都是有故事的人——我們過往的人生際遇、紅塵打滾，往往決定了我們會如何因應改變。好消息是，本書作者用他自行研發、體悟的方法，試著幫助人們跳脫歷史的捆綁，不再做經驗的囚徒；而這裡的經驗甚至也指人類集體的共同經驗。

改變，因此可以以它的本來面目與我們相遇，好像是不添加任何人工調味的天然食材：「如是我聞」客觀化了個體的存在感；「你們要看自己看得合乎中道」（《聖經》〈羅馬書〉十二章三節）教導我們減去對自我不必要的評價，這兩者加起來，就會讓「平常心」自然生成；但是要怎麼做得到這一點呢？作者認為一切的根源來自於「愛」，或者你相信愛是一切的理由。不要擔心這種說法過於陳腔濫調，因為作者有饒富創意的陳述方式，讓人輕鬆進入，欲罷不能；他的書，適合躺在沙發上閱讀，不必太使力不是因為書中的論點簡單，而是因為他誠懇地跟讀者「搏感情」，很多觀點左搓右揉，就是要讀者明白「你也做得到」。

我沒有這把本書當作宗教書，它和我所信仰的眞理關係不大；它提供的是在作為一個人的這個層次上，可以怎麼樣更平和、整全地與「改變」這個重大的人生課題相處；當然，我還知道一個不同的答案，不過，下次再說吧。

本文作者為知名作家

CONTENTS

CONTENTS

序・言

請坐下。

不，眞的。

請。

坐下。

難得有這個機會，你站著翻開這本書（在書店的某個角落，或是在某人家裡），瞄了一眼前面幾行，決定要不要繼續往下讀。

若是如此，請坐下。你不會只是想要看看幾段然後就走開的。你會想多花點時間在這裡所寫的內容上面。那麼，在決定是否買這本書以前，何不多「偷」一點時間看看它，因爲我希望你知道你在看什麼東西。

這本書不只是一本書。它應該是一場對話，在其中，我們將進行一次不尋常的探究，看看生命如何在心智和靈性的層次上開展，由此我們會得到意外的啓發，明白我們如何改變我們對於變化本身的體驗，當然，那是指我們對於**生命**的體驗。

如果你正在和你生命裡的**變化**搏鬥，我們將要開始的這場對話會指引你一條幽徑，讓你找到奧援與平和。我要你坐下，是希望你找個好地方傾聽這一切，並且眞的聽進去。我將要和你分享的，不是你可以在「匆忙間」撿拾的東西，也不是隨處囫圇呑棗讀到的片段。這是一本你會想要坐下來好好讀的書。

我要你坐著聽我講。好啦，無論坐著或站著，不管你準備好了沒有，聽好了：

生命裡的各種變化是不會停歇的。

如果你想再撐一會兒，看看事情是否會塵埃落定，那麼你可能會大吃一驚。天底下沒有「塵埃落定」這回事。無論是在這個星球上，或是你活到現在的生命裡，萬物總是不停變動。其實……沒錯，我甚至可以跟你說……**永遠**都在變動。

變化是**本質的東西**，你不可能改變這一點。

能改變的是你面對變化的方式，以及你因為變化而改變的方式。

這就是這本書所要說的。

我們要談的是如何面對重大的變化，而不只是小變化。我說的是因爲諸如崩潰、不幸和災難而產生的變化。因此，如果你的生活正要崩潰瓦解，如果你身處不幸，如果發生了什麼災難，你在這裡所找到的東西，將可以救你一命。我是指情緒上。但是你知道嗎？或許它會眞的救了你的命。

我要給你「可以改變一切的九個改變」。這張小清單將會改變在你世界裡出現的所有事物。除非你不想看。選擇在你手上。不過你至少會想要讀一讀這張單子。你至少會想要知道那是什麼東西。

我希望你可以盡快做這「九個改變」。因爲在你的生命裡，你會不斷經歷各種變化（我們**每個人**都在經歷），而且變化的**腳步**只會跟著**加快**。

幾年前，有人說，我曾祖父那一代的人，可能一輩子都不會看到任何嚴重挑戰他世界觀的東西，因爲他接收到的事情很少會改變他對世事的認知。

我的祖父有不同的體驗。他可以活個三、四十年，而沒有什麼新的資訊被揭露，橫阻在他的世界觀前面。在他的一生中，或許只聽過幾次這類的重大事件或發展。

在我父親的年代裡，變化的時機降到十五、二十年一回。它撼動了我父親對於生命及其開展以及萬物的眞理的看法。遲早會有一件事瓦解他的整個心態結構，迫使他得改變自己的想法和概念。

在我一生當中，那個時間縮短到只有五到八年。

至於我的孩子們那一輩，變化的時間又會縮短到兩年左右，或許更短。而到了他們的孩子那個時代，可能只剩下三、四十個星期。

這不是誇大其詞。你可以看看潮流轉化。社會科學家說，改變的速度呈指數成長。在我曾孫的年代裡，變化的時間週期將會以天數計算。然後呢，或許只有幾個小時的光景。

事實上，我們已經如此，也**總是**如此。因爲在現實裡，沒有任何事物是維持不變的，即使在剎那間亦然。萬物流轉，如果我們將變化定義爲形狀的改變，我們可以看到變化其實是萬物的自然法則。如是，我們自始即生活在變化的漩渦裡。

不同的是，我們需要多久的**時間**才會察覺到變化一直在發生。現在我們在幾秒鐘之內就能和全球各地的人交談任何事情，這就改變了我們對於變化的體驗。我們的通訊速度正在趕上我們的變化速度。而這個情況本身也助長了改變的速度。

今日，我們的語言和辭句一夕數變，我們的習慣和風格每季都不同，我們的認知、理解，甚至最深層的信念，在每個世代**裡頭**就改弦易轍。

正因爲在我們周圍和內心裡的變化太快了，我們需要的是一本指南，一本「操作手冊」，讓人類知道怎麼去面對劇變的生活世界。因此，這本書不只是談論人們如何經歷生活裡的變化的軼事或「眞人眞事」，也不是走馬看花地處理需要深刻探討的東西。在這本書裡頭，你可以窺見別人的（以及我的）經驗，因爲那可能有點價值，而對於變化的心智和靈性**基礎**，它也提出必要的解釋，尤其是告訴我們如何利用心智和靈性的工具去**改變變化改變你的方式**。

這「九個改變」並不是要讓我們能夠阻止改變（我希望我已經讓你明白那是不可能的），也不是要減緩改變的速度，而是要在我們**探討**改變、**處理**改變的方式，以及**創造**改變的方法上面，來個量子跳躍。

最後要說的是，我的觀念是奠基於古老的智慧、現代科學、日常心理學、實踐形上學，以及當代宗教。我的邀請假設了有「神性」存在，生命有個目的，人類有個靈魂，我們擁有身體但不是身體，以及我們隨時都能夠控制我們的心智。

如果排拒這些觀念，以下我要和你分享的東西就會失去它的支點。另一方面，如果這些概念對你是有效的，你拿在手上的，可能是你讀過最有用、最有幫助、最有力量的一本書。

可以改變一切的九個改變

- 改變你的決定，不要「自己一個人去面對」。
- 改變你對情緒的選擇。
- 改變你對思想的選擇。
- 改變你對眞理的選擇。
- 改變你對於變化本身的想法。
- 改變你對爲什麼會發生變化的想法。
- 改變你對於未來的改變的想法。
- 改變你對於生命的想法。
- 改變你的本性。

作者識

以下的探討分爲兩個部分。其一討論我們對於變化的經驗的形而下層次，其二討論形而上層次。換言之，我們首先會看看心智的作用，其次看看靈魂的作用。

掌握了我們存有的兩個層次，我們不僅能夠記得要如何思考，而且知道要思考**什麼**。我相信心智是個工具、機制，而靈魂則提供燃料給該機器。你用的燃料愈少，引擎的運轉效能就愈低。另一方面，如果你的靈魂在你的心智裡**灌注**靈性能量，你就會「志一」（Mind-Full），這架引擎的發動就會產生奇蹟。

第一部 心智的構造

認識了它，可以幫助你改變對於正在經驗到的變化的體驗

第一章

及時雨的書

如果你正遭逢重大的變化，我很遺憾。

我知道終於把事情安頓好是讓人非常欣慰的。我也知道你有多麼渴望事情各**安**其位。我更知道，假如它們沒有、不會也**不能**如此時，會有多麼惱人。

倘若那個變化會影響到你的「安全」，那麼顯然還不僅是惱人而已。

如果你突然生活無以爲繼，找不到工作，債台高築，甚或失去了家庭，你所面對的就不只是「事情有了變化」。你會感覺彷彿「一切都失了序」。那不只是令人紛擾或心煩意亂，你還會覺得受到**威脅**。

即使你遭遇的不是天災人禍之類的變化，而是生命裡的一個重大改變，那麼**威脅**還是你的主要感受。面對任何重大改變，尤其是以下的「三大」，大多數的人都會覺得生活方式受到威脅：

關係

金錢

健康

如果其中之一起了變化，那麼對你來說會是個非常大的挑戰。如果有兩項正在改變，你的處境會異常艱難。如果三項同時都發生改變，那麼就是災難一場了。

我很清楚。

因爲我經歷過。

三項。我曾經同時熬過這三項變化。

講到覺得**受威脅**……

我曾在一場車禍裡傷了頸椎（健康），必須復健好幾個月而無法工作，保險公司又想盡辦法要減少或拒絕理賠（金錢），偏偏那時候我和伴侶的緣分也到了盡頭，我正設法走出和她以及孩子們分離的傷痛（關係）。

講到**受威脅**的感覺……

結果我一整年無家可歸，餐風宿露，沿街乞討零錢，撿拾汽水罐和啤酒瓶，勉強湊錢吃上一頓飯（有些日子還沒有那麼順利），身上只有睡袋、帳篷、兩條牛仔褲、三件襯衫，以及一些小東西。

我很清楚失去安全感是怎麼回事。我也曾無助地佇立，看著生活四分五裂，在兩個星期內完全變了樣。

是的，我很清楚那種感覺。相信我。

不過我也知道如何去面對它。請聽好，我並不是說那時候我處理得很好，相反的，這本書要談的，是我從那時候開始學到的東西。

我們會談到我從某些關於如何處理**改變**的權威說法中學到的東西。因爲它本質上就是那麼一回事。我們感覺好像是在面對崩潰、不幸或災難……但是那些都只是同一個原因的外在結果：變化。某些事不復以往。某些東西有了改變。無法喚回、無法估計，根本且絕對的改變。

一位正遭逢人生巨變的女士今天寫了一封電子郵件給我。她知道我正在寫這本書，她說：「我不知道是否可以把我的遭遇稱爲『改變』。當你身處其中，當你身邊的一切分崩離析，你根本無法辨認它，而且把它叫作『改變』。我覺得那比較像是『末日』……你所知道的一切都完了，而且**沒有往後**可言。如果在我聽到你的書以前，你問我是否經歷過改變，我不會那麼定義它。我不知道我會怎麼稱呼它，我只會說我的生活毀了、完蛋了。」

這位女士叫作莉亞，她同意我在書裡引用她的話，非常有見地的話。

「改變很嚇人，」她說，「但是那不同於『比賽結束』。我在辭典裡查了『改變』這個詞的意思。改變是指有新的事物將要到來。這個看法和某些人（他們正面對生命的悲慘不幸）很不一樣，或許有助於人們認清發生在他們身上的事是『改變』，並且理解改變的眞正定義。」

很好，莉亞。說得好。於是我把原本寫好的第一章撕掉，回到這個主題。我知道莉亞是對的。所以我要先定義我所說的「改變」。

> 「改變」是任何環境、處境或條件的轉變，無論是有形或無形的，而使得原始的情況異於以往，更由於變化得很澈底而完全認不出來，也無法回到類似從前的情況。

換言之，我們這裡談的是重大的轉變，而不是穿著、午餐菜單或晚間電視節目的改變。我們說的是生命事件的改變，諸如傷害、損失、夢想幻滅、計畫瓦解、未來崩毀。我們說的是如何以同樣能改變生命的事件去**療癒**它們。我們要說的是，當一切都改變了，有時候最好是去改變一切。不只是一切有形的東西，還有**無形的**。那包括你的各種情緒、思考，甚至你相信的各種眞理。

我們這裡談的是澈底翻修，從頭到腳，裡裡外外。畢竟你的生命已經到處是補綴，何不一次完成它？只不過**你自己**得想要去感受它，而不是被動地接受……

在我們展開這次探索時，我希望你能感覺到我多少了解你的問題，好讓你明白你不是在聽一個完全不懂你的遭遇的人說話，也不是一個完全無法體會你的處境的「修理大師」在山頂對你講道。我希望你可以感覺到，即使你的生命一團糟，但你拿起了這本書，起碼是好事一樁。**一件今天發生的好事**。

我們可以從這件事開始，也可以從那裡出發。我們要並肩而行，你和我，以新的方式，一個更好的方式，重新振作你的整個生活。

我敢保證嗎？呃，我是說：「讓我們試試看。」看看我們能做什麼。反正你沒什麼損失，不是嗎？那麼我們就試試看。讓「你拿起了這本書」不只是**今天**做的一件好事，還是**你一輩子**做過最好的事！

你說呢？要不要做看看？要不要試一試？

如果你太累、太沮喪，在生命的戰場裡筋疲力盡，而無法一試，你願意就**這麼**做……？你願意**試著**嘗試一下嗎？

如果你試著嘗試看看，我想我們可以做得到。我保證。不用著急，只要你覺得自在，大可以慢慢來。

我會給你許多暫停點，許多呼吸的空間，讓你隨時可以「休息一下」。如果你的經驗正好相反，那麼它就只是一本「感覺良好就是這麼簡單」的書。我討厭那些「好耶，好耶，加油」的書。**是啊，沒錯，打起精神來，一切就會變得更美好**，我對自己說。然後我會感覺更糟，因爲我就是搞不定，即使寫那本書的傢伙說很容易……

好啦，我們都知道**那不是件容易的事**。沒有工具是不行的。那麼工具在誰那裡？有哪個學校在教「災難快易通」？有什麼課程傳授「現代生活變化入門」？所以說，處理重大的改變，極端的改變，對我們大部分的人而言，一直不是件容易的事。

然而，那還是有可能的。你可以經歷改變，身處災難當中卻沒什麼問題。你可以一點問題都沒有。我知道那聽起來很怪，但千眞萬確。

這就是我在我們初識這一刻要跟你說的重點。我要給你繼續下去的理由。我指的不只是這本書。你知道我的意思。

好啦，思忖到這裡或許夠了。假如你願意，你可以繼續讀下去，但是你不一定要如此。我的意思是說，現在是個很好的暫停點，放下書休息一下。

就像我說的，我會在書裡設計許多暫停點。有許多休息一下的地方，供你自我思考，以及想想我們審視的觀念。那些「呼吸的空間」不只會出現在章末，也可能就在中間。（我不希望你只是想要把這一章讀完，或是覺得自己像個輟學生或傻子一樣，連一章都讀不完，更何況是一本書……）

如果你不是一口氣讀完一章，其實我會很高興。那意味著我的話對你有所衝擊，而你想要停下來思考片刻。好極了。

所以，請隨意停下來，想一想我說的話。我剛才說：「你可以經歷改變，身處災難當中卻沒什麼問題。你可以一點問題都沒有。」

這是個很容易被忽略的說法。你可以稍後再回去想想這個句子。無論你作何選擇。你也可以決定丟掉這本書。但是你得作決定。

這是你今天做的第二件好事。**你得找回控制權**。

是的，那只是一件小事，無論你是否要繼續讀下去，但那就是開端。那就是一切重建的開始……

所以，如果你要的話，你可以停下來，並且給你自己一點：

（呼吸的空間）

將你讀到的東西吸進去，然後決定是否要繼續下去，或是歇息片刻，稍後再來這裡找我……或是再也不必連絡了。

如果你準備繼續下去，那麼就跳到……

你和我在這裡做什麼？

如果你手裡拿著這本書，我猜想那是因爲你腳下的根基在動搖。你生命裡有些東西在改變，或者已經改變了，而那是對你很重要的東西。或許它甚至還危及你的個人安全或保障。你可能正要面對隨之而生的種種情緒。也說不定你已經面對這些情緒好一陣子了，卻始終揮之不去。

也許那就是這本書吸引你的原因，或者你是爲了別人買下它的，朋友、親戚、客戶或是團契裡的夥伴……無論如何，趕緊**讀完**它，立即去找那個人！

既然我們知道你在這裡做什麼，那麼接著讓我告訴你，我在這裡做什麼。我在這裡，是因爲我**曾經**和你一樣，所以我要幫助你。我在這裡，是因爲有些事曾經幫助了我，而我要把它傳遞下去。

我在這裡，是因爲我看到我們的世界有些事很奇怪，就跟你看見的一樣，而且我看見到處都在改變，快得讓人幾乎跟不上它們。我在這裡，是因爲我明白除非我們找到方法，去面對（個人或集體的）**變化的改變腳步**，否則我們會處境艱難。所以，我要對你提出邀請。這個邀請分爲九個部分，將一舉改變你體會變化的方式。我在這裡，是要看看我是否可以讓你「改變變化」。

好啦，這些就是我在這裡的原因。現在我們來談談，我們可以一起創造些什麼。我曾經和我太太艾姆（Em Claire）聊天，她說了些讓我很感動的話。她說：「我不認爲那是一本書。我認爲那是個**許諾**。我認爲一個人拿起它，是許諾要開啓探索生命並且體會每個片刻的新方法。就像是學習武藝，你了解它將改變你的動作方式。或者像是學習一種外語，把它學得非常嫻熟，有一天可以自然而然說出口。它們是一輩子的事，而且會改變你的**存有根基**。

「我們生活在一個『即時滿足』的社會裡，所有東西都可以在五分鐘內送到家。但這不是即溶燕麥粥。有些歷經歲月得到的根本且重要的認知，是無法以傳單的方式印下來的。

「那是『澈底翻轉你自己』，好讓你再度面對生命的一切，好讓你在生命**裡頭**再度感受到生機，我們有些人或許自從四歲以後就忘記了它，或許永遠都記不得了。」

我告訴她，她說得太好了。

「嗯，有什麼比你**怎麼**去體驗生命更重要的呢？」她笑著說。接著她將黑髮拂到一邊，她那麼做總是會教我心跳停止，我看到她的表情變得很溫柔。「沒有什麼比你如何體會『你』更神聖的事，把它看作生命的表現。**除此之外，夫復何求？**」

我們相視而笑，莫逆於心。於是，現在我要邀請**你**看看你是怎麼體會和表現生命的，然後問一個費爾醫生（Dr. Phil）❶放在全球辭彙庫裡頭的絕妙問題：**它如何對你起作用？**

如果它不怎麼管用，或許你正好問對了問題。或許你的靈魂**領著**你看到這本書，用艾姆的話說，好讓你再次有空理會生命的一切。

（你知道嗎？我認爲它**就是**這麼一回事……）

我就是要在個人的層次上吸引你，那或許不同於你閱讀其他書的經驗。我不是要**對**你說話，我要**和**你說話。

現在我看到你正在我面前，而我只是悄聲地和你說話，像個朋友一樣和你一起撐下

---

❶菲利浦．麥格羅（Dr. Philip McGraw），心理學家，歐普拉秀的常客，提供兩性關係諮商。二〇〇二年開闢自己的節目「費爾醫生」。

去，走過這些日子發生的一切，就在你身邊，給你一些溫和的建言。

我知道，我知道……這只是一本書，但是它可以不僅於此，如果你願意的話。正因爲我**曾經**經歷你現在所經歷的一切，我想我們可以一起創造一些東西，那不只是像大部分的書一樣給你資訊而已，還有如少數的書會做的：產生一個眞實的、活生生的、當下的經驗。

所以我要邀請你和我一起泯除我們之間的時空距離。這裡頭有個神奇的地方。我不必活著才能做這件事。**你**必須是活著的，但是**我**不必。我是說，如果你死了就沒辦法讀這本書。但是你**可以**在**我**死後多年才讀它……而我們仍然可以在「本質」（Essence）的層次上**相遇**，因爲我們都擁有身爲人的經驗。

想到這點，不是很神奇嗎？**現在**，我就在這裡寫下這些話……而你**正在**這裡讀它們。我們的「現在」不一定要爲了我們的經驗而相應。如是，心靈和「時間」曲諧。

所以，無論我在你讀它的時候是否還活著，或者我正在慶祝我的「交割限期日」，我都想與你分享一**個可能改變你生命的互動經驗**。

基於經驗，我可以告訴你，現在你最重要的事，是不要讓自己孤單。我曾經陷於孤單，我不要你也落到裡頭。於是，這本書就是我陪伴你的方法。這本書是我們的**對話**。

別假裝你心裡
沒有渴望，
擺動如鐘擺。
你曾經迷惘，
像個罪犯一樣
把你的心偷偷帶到黑暗裡。
但是，親愛的朋友，
生命厭倦沒有你的日子。
那就像失去孩子的
母親的手。
如果你也像我一樣，你一直在害怕。
如果你也像我一樣，你知道你的勇氣。
這船上還有位子：
請坐下。
執起你的槳，還有我們所有人
——我們所有人——
划著我們的心
回家。

——艾姆・克萊兒〈渴望〉（'The Longing' © 2005 Em Claire）

第二章

第一個改變

好啦，我們假設我猜對了你讀這本書的原因。如果是的話，你會很開心知道有個方法可以翻轉這一切，讓你的生活變得如你一直想像的那樣。其實方法不只一個。到達山頂有很多條路可走，我得小心不要當個自以爲擁有「唯一的答案」的傢伙。

然而，我眞的有一**個**答案，我知道那是個答案，因爲它對我有用——我在前面曾跟你說過我的遭遇。所以，現在我要跟你說一個翻轉的方法，那就是……

可以改變一切的九個改變

在以下的對話裡，我要和你逐一討論這些改變。它們會給你一個方法，去面對**不**

幸、面對你世界裡的劇烈**轉變**、面對你心裡所想像的未來的**瓦解**。

如果你選擇接納我所建議的「九個改變」，我相信你可以在你的生命經歷裡做出更多的改變。尤其是，我相信你能夠把恐懼變成振奮、把擔憂變成驚奇、把預料變成期待、把阻抗變成接受、把失望變成釋然、把憤怒變成投入、把狂熱變成喜好、把需要變成滿足、把論斷變成靜觀、把悲傷變成快樂、把思想變成臨現、把反應變成回應、把混亂的時刻變成平安的時刻。

我知道，天底下哪有這種好事。但那是**眞的**，而且**可以**實現，**就在你現在的生命裡**實現。

這下我眞的很像那些高喊「好耶，好耶，加油」的傢伙了。所以我要再說一次：面對改變不是件容易的事。沒有工具是不行的。好消息是，我們有些工具。有一條路可以走出這座森林。隧道的終點有一道光。你要多快走過所發生的一切，端視你選擇哪一條路，以及和誰一起走。

這麼一來，就帶我們回到我的原點，第一個改變。我要再說一次，一路上不要獨自一個人，有人與你偕行，對你會很有幫助的。這就是爲什麼我現在陪著你。這就是爲什麼我要這樣跟你說話。如果你一直跟著我，你會度過去的。你可以隨意「休息片刻」。以你自己的步伐走過這次探索。但是不管你做什麼，總之要**持續前進**。不要讓你的念頭把你困在某個暗處。

好嗎？

如果你願意的話，現在也許是暫停一下的時候。

（呼吸的空間）

把你的閱讀經驗吸進去，然後決定是否要繼續下去，或是歇一會兒，下次再和我於此相遇。

如果你準備好了，就跳到……

請你不要再退縮

你被邀請去做的第一個改變，是改變你**面對**變化的方法。

大部分的人都害怕改變，他們不喜歡改變，因爲改變是往外踏到不熟悉的地方去。那是要把某個東西或某個人拋在後頭，冒險前往未知之境。對某些人而言，那是面對深層的不確定性，甚至會有生命的威脅。而對許多人來說，那是得獨自去面對的事。

爲自己所經歷到的改變感傷多年的人們，總是有這樣的抱怨。

我曾爲一萬多人提供靈性的幫助，在和這麼多人接觸多年以後，我可以告訴你，你會不斷聽到和看到同樣的事。而孤單，情緒上的孤單，**是我看最多的**。

現在我要回頭談談和我通信的莉亞，謝謝她同意我在書裡引用她的文字。我先前提到，莉亞有某些煩惱。她寫信給我妻子，我想讓你聽聽她說了什麼。

（或許我得先解釋一下艾姆到底是在做什麼的，你才會明白爲什麼莉亞要寫信給她。艾姆是個詩人，她用她的話語爲別人療傷止痛。她到世界各大城市獻上她的詩，那些詩反映了她過去五年來經歷的劇變，包括憧憬和低谷，挑戰和突破。很多人聽了她的詩以後告訴她：「天啊，我不再感到孤單了。」他們明白她也曾經崩潰過，也曾經渴望以新的形式重建自我。許多人瀏覽她的網站〔www.EmClairePoet.com〕，被她的藝術深深感動，跟著也敞開心扉，透過網路和她連絡。）

莉亞是這樣和艾姆分享的……

「當我感到絕望而失落時，我覺得孤單極了。然而我知道其他人心裡也有相同的深沉悲傷。人們開心的時候，會聚在一起分享那個能量。但當我們感到非常痛苦的時候，卻會隔離自己，我們會覺得被孤立在黑暗中，被生命拋棄。知道自己並不孤單，那對我很有幫助，或許對其他人也會有所幫助。」

莉亞的體驗並非絕無僅有。十五年來我聽過無數例子，她的信只是另一個見證，證明了：當我們因爲環境或狀況的改變而失去重要的東西時，我們總是會自我孤立。

當我們腳下的根基動搖時，我們會退縮到自己心裡。我曾經如此，你沒有嗎？我再也不那麼做了，但是我曾經有過那樣的經驗。那就是爲什麼我一下子就看得出來。即使是信仰關係裡的人，甚至是婚姻伴侶或長期生意夥伴，也經常變得沉默，把自己隱藏起來，孤立自己，有時候還會厭惡自己。

現在我希望你無論如何都不要獨自一個人去度過你生命裡的難關。讀這本書是個好的開始。眞的，一個非常好的開始。但是那只是個開端。那麼，讓我們去探索……

＊

第一個改變：

改變你的決定，不要「自己一個人去面對」。

＊

這是個很簡單的改變，但是那需要先做好一個準備，一件我們大部分人都不是很習慣，也不會很自在的事。那需要**坦誠相對**。

我們遇到重大問題時容易孤立自己（另外，你是否注意到，幾乎你面對的每個重大問題，都是因為某個事物**改變了**），是因為我們不願意被別人認為我們有缺點，或是無法面面俱到。

我們從小就被教導說，不要拿自己的問題去「麻煩別人」。我們還被告誡說，反正什麼事都是我們自己的錯，那為什麼還要去找別人幫忙呢？既然我們鋪了床，就得自己躺上去。

以上的說法一點價值也沒有。那樣教導我們的人完全搞錯了。

渴望「完美」或「面面俱到」，只是一個更大的渴望的表現：渴望得到肯定。

我們多數人從小就學習如何得到父母和周遭長輩的肯定，我們必須當個好孩子。有人告訴我們說，有個人叫聖誕老公公，他「列了一張清單，仔細檢查兩遍，看看誰調皮誰乖巧。」也有人跟我們說，有一個愛我們而且眷顧我們的神……但是祂也會審判我們的一切「壞事」，如果那張清單太長或是包含某個特別的項目，我們就會永遠下地獄。

於是，我們把愛和恐懼丟到同一個碗裡攪拌均勻。我們害怕失去愛，所以只有當別人愛我們的時候，我們才會愛自己。因此我們很容易自怨自艾，討厭自己。我們已經習於如此，即使**別人沒有想要那麼做**，我們還是會為別人那麼做。

當然，自我指責、自我反控、自我否定，都是在私底下做的，如此別人才不會**爲此**又否定我們。所以，當我們面對困境和難題時，總是對別人隱藏我們的情緒，有時候也隱藏我們的自我。

諷刺的是，那些愛我們的人總是在那些時刻想要陪伴我們。你心愛的人受了傷，你不會想要陪伴他嗎？當然你會。其實那是你的第一個衝動。

我們必須做的，是要相信**別人也和我們一樣**。人們**想要**幫助我們。他們不會覺得那是**麻煩事**。正好相反。他們覺得很興奮。

能夠幫助別人，會讓我們覺得自己有價值，也更有自尊。生命突然間有了意義。或者至少讓我們覺得它有更高的目的。

當你仔細想一想，每個工作無非就是在幫助別人得到他們想要的。歌星、舞蹈家、畫家、警察、司鐸、棒球員、攝影師、空服員、服務生、董事長……**每個人**都只是在幫助別人得到他們想要的！

這就是我們所有人在做的事。我們所做無他。我們都只是忙著幫助別人。明白了這點，當我們有急難的時候，就比較容易**接受**幫助，無論是來自專業人員或是愛你的人。如果我們眞的需要幫助，而且**別人也想要幫助我們**，爲什麼我們要拒人於千里之外？

太多「不要麻煩別人」了。

好嗎？你懂了嗎？太多「**不要麻煩別人**」了……

所以，現在我要你去找個人，跟他說說你生命裡正在發生的改變給你帶來什麼樣的感受。如果你願意的話，告訴他你正在讀這本書。你也可以邀請他和你一起讀。

我不管你跟誰連絡，反正就是連絡**某個人**。連絡某個親戚或朋友、專業的諮商師、猶太教的拉比、伊斯蘭教士、司鐸、牧師。連絡「改變變化社群」（Changing Change Network）。連絡**某個人**。因爲只要你和別人連絡，你就和自己接上線。

我說的這段話很重要，我不希望你打馬虎眼。所以，我要重述一遍。

我說……**只要你和別人連絡，你就和自己接上線**。

和另一個人談談，和你**自己**的心以外的另一個心靈溝通，去接觸比你的心智和思考更開闊的「自體」（Self）的其他部分。和別人接觸，可以讓你抽離內在的對話，踏入外在的對話。

在外在的對話裡，另一個人可以給你新鮮的能量和不同的視野。他們可以頭腦清楚地切入主題，而沒有你用以看待任何事物的那種自我審判。他們會如實地看待你，這也證明了一個反諷：有時候你得走出自己，才能夠走進自己。有時候你得停止審視自己，才看得到你自己。

若要愛你自己，就從這裡開始：
把你的手放在唇上
然後
將柔軟的臉頰輕倚肩頭
在那裡
長久的夢和生活的辛勞
麝香撲鼻。
那是個開端。
那是個起點。
現在你心裡的痛
有了一層表面。

——艾姆・克萊兒〈愛你自己〉（'To Love Yourself' © 2006 Em Claire）

第三章

很久很久以前……

除了和別人對話以外，「深入內心」，和你自己的靈魂重聚，也是很好的事。**這和你最近所做的事可能不盡相同**。這是和靈魂的約會，而不是和念頭約會。

當人們面對眞正衝擊到生命的改變時，他們經常陷溺在他們的**故事**裡，而和他們的靈魂**失聯**。你的故事不在你的靈魂裡，而只在你的念頭裡。

現在你會想，往內心裡去或許可以洞然明白，你是對的。我最喜歡的座右銘正是：**如果你不往內心裡尋，那麼你將**一**無所獲**。（If you don't go within, you go without.）不過「往內心裡去」與「陷溺在自己的故事裡」是兩碼子事。

故事是你對自己說的童話。它的開頭是「很久很久以前……」，描述你所遭遇的一切始末緣由。它是你的內在敘事，是你對自己所經歷的一切的結論彙總，那些結論很少是基於關於你的眞相，卻總是包含了你對自己的嚴厲審判。

深陷在**那一團**混亂裡，便很難看清楚。其實應該說根本就看不清楚，因爲你的故事不是眞實的。它只存在於你的念頭裡，或許看起來很眞實，但是那不是實在的東西。

另一方面，「往內心裡去」是做一次旅行，在旅途中，自我離開念頭，走向靈魂，在那裡，「個人的故事」是不存在的。它讓你得以從完全不同的空間去審視你的境遇。你到不同的空間去，才能夠從不同的空間來。

「往內心裡去」有很多不同的方法，但最終只是讓你和自己靜處。

諷刺的是，你已經和自己靜處了。你或許正在層層的自我映象當中。然而我說的是探索那眞正反映出你是誰的映象，而不是讓你看起來很怪誕的哈哈鏡。那是和靈魂靜處，而不是和念頭。

別管自我映象了。你會在裡頭迷路的。人們忘失了他們「最好的自我」（Best SELF），或者是我所說的「本來面目」（True Identity）。關於這一點，之後我會解釋。

「沉溺」在念頭裡最大的問題在於，我們不只是面對我們「個人（而且不怎麼恭維自己）的故事」，而且添加了我們自己對於「現在我們發生了什麼事」以及爲什麼會發生這件事的解釋。如此，我們又是在哈哈鏡裡看自己。今天我和莉亞談到我們如何陷溺在我們「個人的故事」時，她說……

「對我來說，我的故事緊緊圍繞著生命裡的那些外在事件：沒有收入、無家可歸、三餐不繼、找不到工作。這些環境『告訴』我說我是誰，我因爲這些外在事實而得出關於自己的結論。」

的確，我們每個人都是如此。（直到我們不再那麼做爲止。）當我們生命裡的重大改變如江河日下，我們經常會認爲那是我們自己的錯，都是我們的行爲（或是不作爲）造成的。我們認定自己一定是哪裡沒做好。失敗的時候，我們指責自己做了些「陷我們於此」的事情，或是沒能做什麼事，我們對自己非常嚴苛。

即使我們沒有自責，也會懷疑自己。我們沉溺在自己的念頭裡，思索**爲什麼**會落到這般田地。我回信給莉亞時談到這本書，她對我說：

「我想知道的是，我們**爲什麼**這麼做？爲什麼會發生這些事？爲什麼我快要無家可歸？爲什麼我找不到工作？因爲我是某某人嗎？因爲我做了什麼事嗎？因爲我沒做到什麼事嗎？

「對我個人而言，明白我們人類爲什麼渴望知道我們的種種遭遇究竟是『爲什麼』，是很有幫助的。弄明白我們周遭的事，是一種根本的需求，對嗎？

「或者，也許我更需要知道，如何把它和我現在沒有錢、沒有辦法立即『修復一切』的處境區隔開來，因爲那些外在的東西在當下是最現實的。」

無論我們認爲那些不幸的改變是咎由自取，或是怪罪自己不明白「原因」何在，我們都無法想像別人怎麼會愛我們（我們或許認爲他們「只是說說而已」），因爲我們無法想像如何愛自己，而且沉溺在自己的念頭裡。我們在自己不斷膨脹的故事裡徘徊，失去了「眞實的自我」，也忘記了「最好的自我」。有比我更差勁的人嗎？有更大的失敗嗎？有更無能、更不可靠、更討厭、更沒用的人類嗎？

可笑的是，**我們知道自己正在這麼做**。我們可以感覺到自己在自責，於是我們又自責爲什麼要自責。如此我們更遠離了「眞實的自我」。而如果了解我們的人問說是怎麼回事，我們會回答說：「沒事，我只是今天心情很煩。」

沒有任何東西可以比它更加接近眞相。

而我們知道那是什麼。深入內心，我們知道那不是「眞實的我」，但是我們不知道如何回到它那裡；我們不知道該怎麼辦。

於是我們去尋伺念頭，回到內心的閒扯淡。我們不停對自己說那是怎麼回事。唯一的問題是，我們找不到自我，找不到我們「眞實的自我」，我們「最好的自我」，因爲我們的**故事**橫阻在前方。我們開始認爲我們**就是**那個故事，認爲那就是我們的眞相，**其他**東西都只是「一場戲」。

於是我們眼前有「一場戲」和「一個故事」。我們以爲所有「好東西」都是我們「添加」在戲裡頭的部分，而「壞東西」才是「眞實的東西」。那才是我們「眞的故事」。

這聽起來是否似曾相識？對我而言是的，因爲每一件事我都做過。現在我還會做某些事……直到我把自己拉出來。這本書就是關於**我如何做到的**。

所以如果你「今天心情很煩」，我建議你考慮一下「第一個建議」，改變你的決定，不要「自己一個人去面對」。

今天就改變它。

別等到明天。

就是今天。

決定和你的靈魂連線，決定**走出去**。找個不在你的故事裡負責接線的人，一個很了解你的人，他不以你的自我認知去認識你，而是如實地認識你。和那個人對話，你會發現，光是這個改變就已經大大改變了你對於變化的經驗，也就是那些正在改變你生命的變化。

如果現在你的生活裡沒有別人可以跟你進行外在的對話，我有個小小的驚喜要給你。這本書會是一本**雙向的書**。我要邀請你和我談談，也和其他讀過這本書的人談談，

就在你努力要弄清楚這些東西的時候。

我是說，你**現在**就可以放下書去和某個人連絡。某個知道你的遭遇的人。某個一直守候著你的人。那是個很好的主意，不是嗎？那甚至是體驗一本書的革命性方法。

或許你和某個人連絡，只是因爲你對讀到的內容有點疑問，或者是想要有個更完整的解釋，或者是想知道其他人如何體會剛才討論的東西。那都很好。你可以加入一個專門爲你架設的網站，它會幫助你改變你體驗變化的方式。去看看吧……

www.ChangingChange.net

現在就去……你不只可以寫信給我們並且得到回覆，你甚至可以和我們談談，經由定期的團體會議和線上課程即時對話。你可以在網路上分享你**當下的經驗和閱讀感受**，並且問網友任何問題。

在該網站上也可以看到其他人的影片，那些人經歷過生命裡的重大改變，而現在他們願意站出來回答問題，並且討論他們是如何度過的。

不只於此。你也可以從網友那裡得到**個人的生活輔導**，或參加由我主持的「改變一切」一日研習營，甚至加入我所主辦的長期屬靈退省會。

重點是，你可以得到任何你想要的幫助。不要讓你自己覺得孤單。你不需要一個人去面對自己當下的處境。有其他人可以協助你。有關心你的人們。我是其中之一，而且還有更多人，像是「改變變化」的團契成員，以及網路上的朋友。溫柔而心中有愛的人們會扶持你走過去的。

那麼……如果你樂意的話，就開啓電腦，到 www.ChangingChange.net 去登錄。曾經或是正和你有相同處境的人們，很快會給你一個回覆。請不要太封閉、羞怯、尷尬或頑固，儘管和他人分享你的情況。

連線。**連線**。「連線」。

如果沒有別的問題……如果都沒有別的問題了……**那麼就繼續讀下去**。你正和我連線，我也正和你連線。

那感覺很好。

你準備開始了嗎？

那是一個活著的美好時光。
歸鄉路上絡繹不絕——
我們，到處都是。
而我們獨自走過的，是屈服的掙扎。
所以，下次你跌倒時
看看
你躺著的旁邊
執起他們的手
你親愛的弟兄姊妹
他們的臉滿是塵土。
我們可以一起站起來，
即使我們孤單地跌倒——
因為那是一個活著的美好時光
就在歸鄉的長路上。

——艾姆．克萊兒〈一起站起來〉（'Rise Together' © 2007 Em Claire）

第四章

對於改變的正常反應

嗯……呃……等一等。我得提醒你一些事。

我總是會一再重提。

請不要在我們的對話當中著惱，心想：「剛才他不是說過了嗎？」或許我剛才眞的說過了。

紐約的廣告公司說，一般人得聽個五、六回，才能夠完全吸收任何訊息的完整內容。我不知道這是不是眞的，但是我知道自己很少只聽一次就了解事情的全部要點，更不用說它的蘊含和眞正的影響。所以我總會重複個兩、三遍。好吧，或許四遍。

我會試著讓我的重複宣說有趣一點……但是我要請你有點耐心，縱容我翻來覆去地說。這本書是循環式寫作的，而不是直線性的。我之所以選擇這個風格，是因爲我要確定你明白我所說的東西，有時候重複述說可以幫助我確定這點，好嗎？

那麼……如我之前所說的，我不知道你的生活有什麼改變，但是我知道那個改變是具有破壞性的。我很確定。爲什麼？因爲所有改變都是具有破壞性的，即使是好的改變亦然。

所以，如果你的處境「眞的影響了你」，別怪罪自己。那很正常。其實，改變經常會造成更大的破壞。它會讓我們的情緒起伏不定。你如何去體驗改變（無論是紛擾、困厄，或是和平而有創造性的時刻），就看你當時的情緒。

幾乎所有的改變都會帶來恐懼。你知道嗎？我是說，不只是「壞的」改變，也包括**好的**改變。

你決定要結婚，跟著就害怕起來。萬一愛無法長久怎麼辦？萬一找錯了對象怎麼辦？

你找到一個更好的新工作，跟著又害怕起來。萬一做不到在應徵時許下的承諾怎麼辦？萬一無法勝任怎麼辦？

你重新擺設家中的起居室，跟著卻害怕起來。萬一另一半回家後不喜歡怎麼辦？是不是應該將傢俱回歸原位，先和另一半談一談……

有人連換個髮型也會害怕。萬一看起來很獃怎麼辦？我會因此變倒楣嗎？

聽起來很瘋狂，但是我們就是這麼想的。你和我都一樣。我們都會做這種蠢事。因爲固定不變讓人舒適安心，即使這種千篇一律讓我們窒息，讓我無聊到流淚。有人說過：生活從舒適地帶（Comfort Zone）結束的地方開始。記住這點很有好處。**生活從舒適地帶結束的地方開始**。

所以如果你現在覺得不是很舒適自在，那麼你要明白，你生命裡發生的改變只是個**開始**，而不是結束。

好吧，那是個結束。我別開自己玩笑了。有某個重要的東西結束了。有個很有意義的事情停止了。你生命裡某個難忘的東西不見了、消失了、蒸發掉了，**就是那麼一回事**。或許那是一個人。或許那是一個夢。

或許那是你的平安自在的結束。或許我們談的不只是失去一個男朋友或是換工作。或許你現在的處境比那些都還要糟糕。

好吧，隨便什麼都好。我們別鬧了。你知道你的生活出了什麼事，我們就來談談它吧。但是，底下我要說……

無論是什麼東西結束了……它也是個開始。

別忘了，你正在和一個曾經流落街頭的人對話。你正在和一個失去過一切的人對話。工作、妻子、家庭，他所珍惜的一切事物。就連我的車子也被偷了。就在奧勒岡州波特蘭市的街上，在深夜裡。當時我已經無家可歸，「暫住」在一個朋友的公寓裡，直到我可以重新安頓自己……但有一天早晨我出門，卻發現我那輛破舊的雪佛蘭羚羊不見了。

不見了。

那輛車是我**僅有**的個人財產。現在我一無所有了。**一無所有**。我身上還有衣服、刮鬍刀和公寓裡的一些雜物。我是說，就那麼多了。

所以，我很清楚什麼是結束。而當我完全絕望，以爲一**切**都結束時，我夢裡才會出現的生活卻也開始了。所以至少我有資格在你的念頭裡撒下種子。說那是個新的開始，或許有點言之過早，或許你現在的生活處境還有點困難，不過對於播種而言，絕對不嫌太早。我們都聽了好幾百遍，那已是陳腔濫調了，但是……

「神給你關上一扇門，必會爲你開另一扇窗。」

我不管你失去了什麼，你的工作、房子、配偶、名聲、夢想、希望，甚至你的健康……我不管你失去了什麼，或是有什麼劇烈改變……**你可以整個重新開始你的生活，而且攀上更高的巔峰**。

我向你保證。

在我的生命裡，有好幾次我不再爲了改變沮喪，而只是靜觀其變。現在我有了不一樣的想法。我不再害怕。

即使是可怕的東西也嚇不了我。就像二〇〇八年秋天的那場金融危機，差一點讓我的退休金全部泡湯。周遭的人們不停說：「天啊，天啊！」而我只是想：「來得容易去得快。一切都很好。生活會繼續下去。我曾經當過街友，再當一次也無妨。」

我必須承認，當你有過露宿街頭一年的經驗，想法會有所改變。但是一個人不必經歷這麼極端的境遇，才能夠產生智慧。智慧一直在那裡，在我們每個人的潛意識裡。我們知道一切我們必須知道的東西，我們也都明白自己知道。只是有人不相信而已。「天底下哪有這種好事！」於是我們不相信它。

我的「信念」轉成「知識」。我活得夠久了，足以知道我擔心的那些事大部分不曾發生，讓我難過的事大部分也都否極泰來，而我希望維持不變的東西也無法如願停留，因爲改變正是「生命本身的歷程」。

我先前提過這點，容我再說一次。生命**就是**變化，如果沒有任何改變，就不會有生命。一切有生命的東西都會動。我指的是一切存在。就連石頭也會動。如果你把石頭放在顯微鏡底下，窺看它的分子結構，你會看到一個小宇宙正在表現一個有趣的性質：**萬物流轉**。

生命就是運動。運動就是改變。每一次一個次分子的粒子搖擺穿梭時空，就會有某個東西改變。因此，改變是不可避免的。那是生命自身的本性。

生命裡的戲法不是去躲避改變，而是去**創造**改變。（這是本書第二部的主題。）如此它才會是你所選擇的改變。但是你現在正遭逢的生命巨變並不是你創造的（或者不是有意造成的），你也正面對著自己因爲改變而生起的情緒。那些情緒包括若干程度的恐懼，或許還有悲傷，甚至有點憤怒。好吧，或許**非常**憤怒。

我相信你至少有其中一種情緒。那麼我們就去探究它。讓我們仔細審視恐懼。

你要先休息一下嗎？沒問題，如果你想暫時放下書本，那麼就給自己一點：

（呼吸的空間）

吸進你剛才讀到的東西，然後決定是否要繼續看下去，或是休息一下，待會兒再來找我。

如果你準備繼續，那麼就跳到……

你有這些感覺是完全正常的

很好。你自己得保重一點。看看你在做什麼，停下來，**看看自己在做什麼**，然後主動決定你接下來要怎麼辦，這是保重自己的好辦法。如果你剛才做過，那很好。那是個好習慣。

好了，我們來談談恐懼。

恐懼無所不在，而且可以理解。畢竟，我們害怕未知的東西。那是我們大部分人面對的最大恐懼。害怕未知的東西。而大部分的改變都會把我們扔到未知的道路上。不是所有改變，而是大部分的改變。

有些改變會帶我們回到曾經待過的地方，而我們也害怕這點。但是大部分的改變都是無法預知的。大部分的改變都會把我們留在「不知未來如何的空間」裡。於是我們懷著擔憂上路。（那是比恐懼委婉一點的說法。）

有時候我們害怕改變會讓我們無法到達自己想要去的地方，害怕生活只是不停地讓我們的希望和夢想幻滅，奪走我們的機會，斲傷我們的靈，剝光我們的存在理由。

這一切都很正常。你有這些感覺是可以理解的。畢竟，生活對你做了某些事。而傷害也總是以事物的改變爲形式出現。

所以，生命裡的每個改變，無論是好是壞，多少會帶來恐懼，能夠明白這一點是很好的事。知道了這點，你就再也不會害怕**改變本身**。如果你害怕**任何形式的**改變，最後你會不敢做任何改變，即使是顯然可以讓你變得更好的改變。

而光是自己不做任何改變，並不能阻止改變的發生。你要做的，是不再以你想要的方式去改變事件。今天的世界就是很好的證明。

我們皆如此，
我造就，你拆散我
造就的任何慰藉。
卻從不知道
你從我這裡想要些什麼；
我一直相信我聽到的
生命應該是我們綻放的歡悅，
我有時候畏懼
神
在角落，像一頭野獸
不知道打雷是什麼；
不知道閃電是什麼。
不知道覺醒是什麼。

——艾姆·克萊兒〈我畏懼〉（'I Cower' © 2007 Em Claire）

第五章 躍起的時刻到了

明白你個人的境遇正是這個地球的集體境遇，對你會很有幫助。這會讓你減少一點老是被世界「吹毛求疵」的感覺，也不再覺得那麼孤立。

現在有太多人面臨太多的改變。世界經濟正承受著激烈的轉變，使得人類必須重新排列基本的生活優先順序。世界局勢也瞬息萬變，我們不曾想過會看到的東西，現在都看到了。全球的醫療、科學和科技正在揭露驚人的祕密，改變了我們對生命本身的基本理解。世人對於關係和婚姻的想法，讓許多人離開了他們的「舒適地帶」。許多人處理衝突的方式，也讓我們的生活籠罩在恐怖裡頭。

在個人層次上，許多人失去了工作、存款，甚至家庭。由於人口逐漸老化，我們看著家人逐步走向我們所謂的死亡。婚姻和伴侶關係比以往更難持久。在上述兩種發展之間，我們所愛的人行色匆匆地離開了我們。我們教養孩子的方式也有劇烈的轉變，衝擊著家庭內部的關係，而那是我們在不久以前還無法想像的。

這些都只是更大的世界歷程裡的一部分。整個人類社會正在經歷自我改造的陣痛。然而我們大部分的人手裡並沒有任何圖表、地圖或工具可供使用。這就是爲什麼我要和你分享的東西對你會很有幫助。

我告訴你這麼多，並不是要讓你更加沮喪，而是希望你明白，**這不是只有你才會遇到的事**。幸好，至少在個人層次上，我們還有辦法可以駕馭這匹脫韁野馬。我們有辦法可以控制且改變你對於變化的反應，並且由此去控制、指引和創造改變本身。

我已經搭起了舞台，因爲我希望你有個背景，一個鮮明生動的背景，可以襯托我們不久將要看到的東西。

我們正要走過人類學家暨社會學家琴・休斯頓（Jean Houston）[1]在她的大作裡所說的「躍起的時刻」（Jump Time）。休斯頓說，「躍起的時刻」是生命的永恆循環裡的一個環節，我們完全推翻了我們的每個經驗層面，猶如人類自文藝復興以來的三百年間（在永恆的時鐘裡，那只是一瞬間）所做的一切，從藝術到政治、文化、政府、商

[1] 琴・休斯頓（Jean Houston, 1937—），新興宗教儀式的跨文化研究者。

業、教育、宗教、性經驗、伴侶關係，以及飲食說話和親子教養，全部都改變了，天啊，改變得如此澈底，一**切**都不復從前。

這新的「文藝復興」令人屏息的性質，在於它並不是爲時三百年，而是在三十年裡發生的。是的，我說三**十年**。這要多虧我之前提到的全球跨文化溝通在寬度、廣度、規模和速度上十倍的驚人成長。

我們就生活在我所謂「即時透明化的時代」（Instaparency Time），一切事物都會立即被知道，無所遁形。我們時時刻刻都察覺到各處所發生的一切，導致如骨牌效應的觀點轉變。

人類再也應付不來，**你**再也應付不來，除非「萬物的答案」被開顯。此即我們的目的。我們要揭露祕密。你和我。就在這裡，在第十六章。

不，現在不要跳到那一章去！我們得先談談爲什麼你生命裡的改變會讓你如此痛苦。然後我要告訴你眞正讓你驚訝的眞理，好讓改變再也不必如此痛苦。連悲慘的改變也是，例如失去一切或流落街頭。然而，除非你有我們在這裡鋪的基石，否則祕密本身也會顯得空洞膚淺。

那麼我們何妨歇一會兒，思考一下你和你的世界以什麼速度去面對改變。現在……吸一口氣，並且休息一下。

（呼吸的空間）

安住在此時此地。思考我們所說的一切，不要想跟著它「做什麼」，而是「安住」於它，將它吸進去，對這個時分心存感激。

當你準備好繼續下去，就跳到……

事件相對於實在界……那到底是什麼意思？

我知道我給自己挑了一個大課題。我只是要讓你相信，你現在所面臨的改變不一定要那麼痛苦，我知道你至今的生活都告訴你說，改變是痛苦的。然而止息痛苦的重點，在於明白是什麼**導致**痛苦，是什麼**造成**傷害。重點在於，明白你**爲什麼**有如此的感受。

你所不知道的是……

重點不在於改變本身。不在於失去工作、結束某段關係、付不起帳單，或是外面世界的任何事。重點在於你怎麼去思考它。

讓我們感到悲傷和憤怒的，也是同樣的東西。它不是什麼外在的事件，它始終都是一個內在的歷程。一個事件和你對於那個事件所建構的實在界，是不同的東西。

是啊，我們又來了。那是必須再說一次的重點。

一個事件和你對於那個事件所建構的實在界，是不同的東西。

事件是一回事，你對那個事件所建構的實在界則是另一回事。事件是由外在於你的條件和行動所產生的；實在界是由內在於你的條件和行動所產生，就在你的心裡。在你心裡，**事件**轉換成**資訊**，資訊轉換成**眞理**，眞理則轉換成**思想**，思想轉換成**情緒**，情緒轉換成**經驗**，經驗構成了**實在界**。

那麼，假如我們改變其中一個環節的話……

我們是光的孩子。
金色恩寵。
有翅膀就是要飛。
我們是優雅的，孕育著善。
我們的誕生如此的寂靜
整個宇宙都聽得見我們。

這裡只有舒展、開啓。
其他的都只是想法——
給心智的棒棒糖。
我們是自詡為人類的
光的孩子。

——艾姆・克萊兒〈光的孩子〉（'Lightbabies' © 2007 Em Claire）

第六章

第二個改變

有六樣東西在我們所謂生命的實體經驗裡創造了你的實在性。我剛才已經提到：事件、資訊、真理、思想、情緒和經驗。這六個元素當中，只要有一個改變了，你的實在也會跟著改變。那意味著，如果你要改變自己對於生活當下的變化的經驗，你就得改變其中一個元素。那引導我們來到……

✲

第二個改變：

改變你對情緒的選擇。

✲

我要告訴你的是，你可以**改變你對情緒的選擇**，也因此，改變你如何經驗改變本身。我無法在這一章裡告訴你怎麼做，因爲我沒辦法在短短幾行字裡講完它。而且它和第三和第四個改變有著內在關聯，我們得就這三個改變一起去思考。但現在我們先來談談如何改變對於任何事物的情緒吧。對於你當下生命裡的事件，對於你自己，對於這本書。

對於任何事物。

或許你認爲那是不可能的。或許你認爲我簡直是夜郎自大，才敢如此夸夸其言。我知道你以前也聽過這些東西，在各種「勵志」書裡，在演講裡……你或許會想，如果眞那麼簡單，爲什麼一般人做不到呢？你把它像胡蘿蔔一樣掛在那裡，卻知道其實大多數人都搆不著，那不是很殘忍嗎？

是的，如果眞的是那樣，的確很殘忍。但是我不會那麼做。我不會在你面前擺一個你搆不著的東西。我不想把你搞瘋了，我要讓你快樂。

所以，即使你以前聽過這類說法，但這次我要你眞正思考一下。我要你閉上雙眼想一想。**因爲我在這裡說的，是你聽過最重要（也最顚覆性）的東西**。如果你以前聽過，你或許沒有仔細探究那是否可能爲眞。那麼，你現在願意思考一下嗎？

我是說，那有沒有可能是你不完全理解的東西……而理解了它，就可以改變一切？

這一次，我要你掩卷思考。只要一秒鐘。暫停一下。讓你有足夠的時間決定如何去感受它。

你明白了那裡頭的反諷嗎？我要你去**選擇**如何感受以下的念頭：你可以選擇如何去感受。

那麼就開始吧。闔上書，思考一下。問你自己幾個問題：如果我認爲我其實可以**選擇**我的情緒，而不是臣服於情緒，我的人生會是什麼樣子？我已經有了一種情緒以後，還可能改變它嗎？不是要忽視它或「征服它」，而是實實在在地改變**我現在擁有的情緒**。我做得到嗎？可以隨心所欲嗎？

請思考一下以上的問題，如果答案是肯定的，那麼給自己一點：

（呼吸的空間）

將你讀到的東西吸進去，然後決定是否要繼續下去，或是歇息片刻，稍後再來找我……或是再也不必連絡了。

如果你準備繼續下去，那麼就跳到……

所有情緒的贊助者

現在我們要來談談情緒。是的，我**正在**談論情緒，而你正擁有它們。你正要面對生命裡的改變，以及可能帶來的不幸，而我正要開始談論人類的心理學、情緒的成因，以及我們如何去改變它們。

但是你知道嗎？如果我認爲那對你沒有幫助，我就不敢這麼做，我甚至會隻字不提。但我相信那對你會有幫助的，就在**此時此地**。無論發生什麼事。是的，即使你失去了工作，即使你失去了房子，即使你覺得可能失去一切。

我曾說過，我想我知道你正經歷的一切，因爲我也曾經歷過。我花了好幾年的時間，才想到我現在要告訴你的東西。我一直不明白。我一直不了解。直到我豁然開朗。

（藉著一個「朋友」的幫助……）

讓我重述關於情緒的重點。我保證你會發覺它們環環相扣，而且和你有切身的關係……你也會看到它們如何在你當下的生命裡產生重大的差異。那不就是我們的主旨嗎？那正是我們對話的重點，對吧？否則我就只是在講空話罷了。

那麼，讓我們回頭仔細探究吧。我們來看看恐懼這個情緒（我以此爲例，是因爲它非常強烈），也看看我們如何能夠改變它。

你愈是感到恐懼，就愈會助長這個情緒，恐懼會產生一種經驗，彷彿你生命裡發生了一個事件。人們多半認爲恐懼是由**事件**直接造成的。大多數的人認爲其順序是：事件等於經驗。其實不然。證據在於，情緒並不是千篇一律地生起。同樣的事物並不會讓不同的人都產生恐懼。他們有時候會心生恐懼，但是也經常不會。

咆哮的獅子會讓一個人害怕，但另一個人卻不會（例如馴獅員）。高度可能會讓一個人害怕，而另一個人不會（例如走高空鋼索的明星）。有人可能會害怕演講（在許多調查裡，那是許多人最害怕的事之一），有人則不會（例如講師或藝人）。

所以，我們可以同意，在面對同一個外在事件時，我們無法保證有誰會和誰具相同的經驗（恐懼），是嗎？即使是相同的事件，也無法每次都在**同一個**人身上產生一模一樣的經驗。

那麼到底是什麼東西在製造恐懼？如果不是咆哮的獅子、梯子的高度，或等著聽你說話的聽眾，那麼會是什麼？

那是在你心裡的東西。那是你的念頭、你的記憶、你的投射、你的概念、你的擔憂、你的理解、你的欲望、你的制約作用。而這些東西都落在一個大範疇裡。

思想。

贊助你的恐懼的，正是**思想**，此外無他。思想贊助**所有**情緒。

我現在說的，是一個革命性且具有爭議性的主張，因爲它和腦神經科學的標準說法大異其趣。腦神經科學家告訴我們說，情緒的產生**先於**思想，它是大腦邊緣系統的產物，而思想則是在大腦更高等的區域裡產生的，負責分析我們所擁有的情緒。我卻要說，其實正好相反。我要說，邊緣系統產生我所謂的「眞理」（關於某物的一般性心智**概念**），由眞理產生一個「思想」，由思想孕育出一個「情緒」。

每當你流露出一種情緒時，你可以說：「現在我們的贊助者要說話了！」就像電視的贊助商一樣，思想可以中止情緒的演出。

思想贊助情緒，或許是你聞所未聞的事實。

如果我們接受科學家的另一種說法，我們就會理所當然地以爲我們每個人都有個內建的障礙：我們完全無法客觀地決定我們要感受哪一種情緒。我們承認**我們受制於自己的情緒反應**，如果要讓它們有所不同，就必須以我們的思想去**征服**它們。

我要說的是，重點不在於征服情緒，讓它們從心所欲，而是要**自始**即從心所欲地創造它們。對於醫學而言，它或許是新的說法，但是對於宗教而言，那不是什麼新鮮事，宗教始終認爲我們不只是生物機制，「心智」也不等同於大腦，心智比大腦要複雜精密許多，而「靈魂」又比心智更大更精密！

就在你面對生命重大改變的當下，它對你來說是最好的消息了。爲什麼？因爲它給了你不曾想像過的工具。因爲它翻轉了標準的醫學模式，它認爲思想先於情緒，而不是在情緒之後——那意味著，一切操之在我們，因爲**思想是可以改變的**。

我們剛才談到改變你的情緒。我說，改變情緒是改變「變化本身」的方法。現在我要告訴你，如何改變情緒。

改變你的思想。

儘管心靈一直是
唯一能找到愛的地方
一個充滿喜悅的心智
卻會吸引如飛蛾般的心靈，
飛到完全不同的火燄裡。
一個不燃燒任何東西的火燄——
沒有失去翅膀。
彷彿神延伸家的長度
同時安住在每個房間裡，
只因為
我們可以。

——艾姆・克萊兒〈充滿喜悅的心智〉（‘A Mind Full of Joy’ © 2007 Em Claire）

第七章

第三個改變

你或許無法改變「萬物都在改變」的這個事實，但是你可以改變你對於「萬物都在改變」的**想法**。

那不只是可能的，也是「可以改變一切的九個改變」其中之一。

✲

第三個改變：

改變你對思想的選擇。

✲

思想是你正在**編造**的念頭。你生命裡所發生的改變並不是你編造的，但是你對於它的想法卻是。思想經常和究竟實在無關，也經常和眼前的現實世界無關，然而卻經常和扭曲的世界糾纏不清。事實上，思想經常**創造**扭曲的世界。

喔喔，這是個大問題。我想我們不能就這麼一語帶過。我們再仔細看看。我方才說……

「思想是你正在**編造**的東西。它經常和究竟實在無關，也經常和眼前的現實世界無關，然而卻經常和扭曲的世界糾纏不清。事實上，思想經常**創造**扭曲的世界。」

我剛剛提出了一個全新的觀念。你聽懂我的意思嗎？我剛才提到三個不同的「實在界」（Reality）……

究竟的實在界
眼前的現實世界
扭曲的世界

我稱之爲「三位一體的實在界」，三個同時存在的實在界。

我們有究竟的實在界（「如是」的一回事、「如是」的原因，以及「如是」的你），也有「眼前的現實世界」（正展現在你面前的一切），以及「扭曲的世界」（你所想像的那一回事）。

在任何時刻要經驗到哪一個實在界，決定都在於你。那要看你在**形成思想以前**心裡懷著什麼東西。

甜美的揭去面紗顯得如此合宜
或許沒有比這更美麗的了。

妳曾經喚作「行走」的滑翔。

妳的恐懼如襯衣輕輕落下。

作妳自己
一絲不掛的孩子
把每個目的
轉向光的那一面
轉向那永存者
就在
這裡
璀璨閃耀
如妳。

——艾姆・克萊兒〈甜美的揭去面紗〉（'The Sweet Unveiling' © 2006 Em Claire）

第八章

第四個改變

現在我們要進行得很快了，我不要你以爲會聽到我完整談論所有這些改變。事實上，有太多要說的了。現在我只介紹第二、三、四個改變，好讓你明白我們在這個對話裡要說什麼。這會是個遙遠的旅程，我希望你先知道一下地形地物。

眞的，這三個改變環環相扣，正如我先前所說的，它們必須一起思考。這裡的探索會很自然流暢，就像朋友之間的閒聊，而不是條理井然、結構嚴謹的演講。我相信你會看到第二、三、四個改變的相互關聯。

那麼，攤開地圖，我們現在來到……

第四個改變：
改變你對真理的選擇。

✲

先前我說過，你生命裡的事件是由外在於你的條件和行動所產生的，然而實在界卻是由內在於你的條件和行動所產生，就在你的心裡。我說，在那裡頭，**事件**轉換成**資訊**，資訊轉換成**眞理**，眞理則轉換成**思想**，思想轉換成**情緒**，情緒轉換成**經驗**，經驗構成了**實在界**。

現在我們將這些元素排成一列，以加號和等號相連接，好讓你一目瞭然。我們也可以更清楚實在界的創造歷程。

我所提到的歷程是……

事件＋資訊＋真理＋思想＋情緒＝經驗＝實在界

我喚它作「因果線」，留待稍後再討論。那是心智創造你的實在界所歷經的旅程。

你會看到，在這條線上，情緒先於經驗，且產生經驗。同樣的，思想先於情緒，且孕育出情緒。眞理先於思想，讓思想誕生。以後我們還會看到「資訊」的部分。

這條線沒有告訴我們的是，其實有三種眞理。這點很重要，因爲有了這三種眞理，才會有「三位一體的實在界」。換句話說，如果只有一種眞理，也就只有一個實在界。

這三種眞理是：

真實的真理

顯見的真理

想像的真理

對此我要解釋一下，我想你會覺得很有趣的。這些是我所謂的「心智構造」。它其實就像ＡＢＣ一樣簡單。而離開「Ａ」的每一步，都會讓你更遠離平靜。

在你生命變化動盪的時刻裡，如果平靜是你要的，是你所渴望的，你會想要拾級而上，由想像的眞理、顯見的眞理，走到眞實的眞理。你的根基也會由扭曲的世界、眼前的現實世界，轉移到究竟實在界。

個人的蛻變，乃至於世界的蛻變，無非如此。我們尊稱的大師們，也都是這麼走過來的。此時此刻，就在今天，你也可以這麼做。

在你的生命裡，是否一切都變了？那麼，就**改變一切**吧。開始重組你對於「實在界」的想法。實在界不是靜態的，它是流動不居的。

（呃，那不完全正確。它的確是靜態的，改變的是我們對於它的**經驗**。這整本書談的當然也是這個。我們要探究的，是如何改變你對「改變本身」的經驗。或者說，既然「改變」是不變的現實，那麼要如何改變你對於實在界的經驗。）

我得告訴你，當我終於「明白」實在界有三個層次，而我們對於生命裡的事物的經驗有扭曲的層次、觀察的層次和究竟眞理的層次時，我恍若大夢初醒。我花了好久的時間才弄清楚。我現在隨手捻來對你說的內容，是我經年累月才摸索出來的。

我不要你跟我一樣走那麼多冤枉路。我要你現在就明白。首先是作爲知性的概念，其次是作爲**功能性的工具**。你現在就需要這工具，而不是十年後、十個月後、十個星期後，也不是十天後。你現在手上就需要這個工具，因爲你現在正要經歷不可思議的改變。

如果在我遭逢巨變時，有人可以告訴我這些東西……一切會多麼不一樣啊。現在就讓我告訴你我的發現。

我所說的每個「實在界」都大相逕庭，它們的差異來自我之前說的三種眞理。

我生命裡最大的驚奇，就是了解到沒有絕對眞理這種東西。

一定要找個地方架一個告示牌。喔不，要到處架設。在大街小巷，都要有個巨幅告示，上頭寫著：

沒有絕對真理這種東西

你曾經問某人說：「你眞的要買那個嗎？」是的，就是這樣。你每天都在「買進」。

當你走進「生活的超級市場」，你會看到眞理被包裝成三個品牌。你可以買眞實的眞理，你也可以買顯見的眞理，或者你可以買想像的眞理。

現在我們假裝眞實的眞理不在架上。我還不想討論事物的**眞實性**。（那是本書第二部要談的。）我只是要看看顯見的眞理（我們所觀察到的）以及想像的眞理（被我們扭曲的）。唯有看清楚它們，我們才能夠理解眞實的眞理。

顯見的眞理的基礎在於，你現在看到的事物很類似過去所觀察到的。基於你過去的歷史，你認爲當下發生的具體事件顯然也是如此。

你的感情破裂。或是你被公司解雇。或是你失去了家庭。或是與你親密的某個人去世。或是你正處於空巢期，而你的孩子和你生活了二十年之後，卻突然離開了家。或是其他什麼事情。

這是你的具體世界裡正在發生的事。就是那麼一回事。你知道它發生了，因爲那是你直接觀察到的。如果你停留在顯見的眞理，你不會有什麼問題，因爲顯見的眞理會給你以前一個類似的經驗的所有事實。但是你會停在那裡嗎？我是說，在你的想法裡，你會停在那裡嗎？或者你會跑到你想像的眞理去呢？如果你採納了想像的眞理，而不是顯見的眞理，你有工具可以回到顯見的眞理嗎？

我相信，「可以改變一切的九個改變」就是那些工具。往下讀，看看你是否同意。

我離家太久了
再也記不得我的臉。
我造了我生命的小舟
航向外海
向那些人揮手
他們知道海洋會給我
一切我可以掌握的
以及一切我無法掌握的
而他們也向我揮手，我駛向外海
乘著我生命的小舟：
以靈魂為材料，以心靈為工匠，
以一派天真，我迎向外海
離家太久了
再也記不得我的臉
但是我知道，家——
家記得我

——艾姆‧克萊兒〈海上多時〉（'Long at Sea' © 2007 Em Claire）

第九章 其實只有一種情緒

好了，你正面對各種改變，而且無疑有某種情緒。或許是很強烈的情緒。或許是很難處理的情緒。

產生你此時此刻的經驗，正是這個情緒。而你所謂的實在界，就是這個經驗。

你爲什麼會有這一切情緒呢？你爲什麼會如此生氣、害怕或悲傷呢？多半是因爲你像大部分人們一樣，在形成關於當下事件的想法時，不是基於顯見的眞理。如果你是，情況會簡單得多。但是大部分的人是以想像的眞理去思考他們當下的事件。大部分人買進的，是這種東西。

一頭獅子突然衝出來大吼，你嚇呆了，因爲你想像你有被抓傷的危險。山路轉了個彎，你駛向路肩，窗外是三千呎深的懸崖，你嚇壞了，因爲你想像你一轉錯彎就會摔死。聽眾等著你發表重要的演說，你不知所措，因為你想像難得有機會上台，卻可能讓大家失望而嘲笑你。

配偶突然離你而去。或是你被裁員。或是你失去自己的家。你感到錯愕、憤怒、悔恨。遲早你也會感到……害怕。

這一切都是基於你想像的眞理，想像這個是「不好的」、你會「不快樂」、前方有重重「險阻艱難」，或是其他什麼的。

當然，感到恐懼並不是什麼問題。在面對改變時，那是可以預期的。沒有什麼好不好意思的。那很正常。我們都是這樣長大的。我們被教導說，恐懼存在，恐懼是眞實的。

而眞實的眞理卻說，**沒有恐懼這種東西**。其實，只有一種情緒。所有其他的表現都是重新包裝過的。宇宙裡只有一種情緒，一種能量：那個能量，那個情緒，我們稱為「愛」。當你知道這點時，一切都改變了。

我知道這聽起來或許很「虛無縹緲」，或是很「新世紀」。但是如果你明白了為什麼除了愛無它，一切就會豁然開朗，你的生命也會被「療癒」。記住，經驗是由情緒產生的，那麼了解到一切都是一個叫作「愛」的情緒的流露，這會改變你的整個生命經驗。

但是**改變**怎麼會是愛的流露？我們不是說過了嗎？恐懼是大部分的人在面對改變時的情緒，即使是好的改變。而我現在又很認眞地告訴你，恐懼並不存在嗎？

是的，我的確是這樣說。因爲（底下有個很美妙的啓示）……**恐懼是愛的流露**。

如果你不愛自己，你就不會爲自己擔憂，你不會害怕任何東西，因爲你不會在乎遭遇到任何事。你甚至不在乎是否活著。「求生本能」是愛最自然的表現方式。

如果你不愛他人，你不會爲他人擔憂，或是害怕他人發生什麼事，因爲你不**在乎**會發生什麼事。

很簡單，不是嗎？如是我們以顚撲不破的邏輯看到，恐懼和愛是同一回事，只是說法不同而已。同樣的，所有其他情緒都是另一種形式的愛。只有一種情緒。那個情緒就是「愛」，它有一千種表現方示。這是眞實的眞理。我們之後仔細談到眞實的眞理時，會更完整地說明這個概念。屆時你會看到一個量子跳躍，讓你得以平靜地面對任何改變。

但是現在就照著我的話做吧。我們看看眞理的兩個品牌：顯見的眞理和想像的眞理。這點很重要。因爲**那是一切的關鍵**。

所以……如我所說的……

當事物改變時，大部分人都活在他們想像的眞理裡，被過去給禁錮了。這個想像的眞理孕育了一個思想，由思想產生情緒，由情緒產生經驗，而他們則把經驗當作實在界。結果那其實是扭曲的世界。

這讓我們回到你現在的處境。因爲你的遭遇，那個你不會想要的、從天而降的巨大改變，所以你很憤怒，或悲傷，或是沮喪、失望，或是夢想幻滅，或者「以上皆是」……這都是因爲你很害怕。而你會害怕……是因爲你心中有愛。你愛上自己（或許你不覺得），你愛上生命（即使現在你說你恨它）。

你害怕以你熟悉的過去折價抵買未知的未來。你害怕可能會發生什麼事。害怕事物不知道會變什麼樣子。你害怕再也找不到這樣的情境（這樣的工作、這樣的人、這樣的家）；害怕再也不會有這種經驗。

是的，你或許再也找不到這樣的情境，但是你可以再次擁有這樣的**經驗**。（例如說，你再也不會和同一個伴侶在一起，但是你或許可以和另一個伴侶也有相同的經驗，歡悅和幸福的經驗。那端賴於你要買進什麼東西：想像的眞理，或是顯見的眞理。）

記住，幸福的經驗和任何既有的情境無關。這的確令人很難以接受，因爲我們認定那是有關的。然而，外在事件和內在經驗並沒有必然的關係，除了在你腦袋裡頭。

好比說，你認識幸福的能力和某個人或某個職場無關。你只是**以爲**有關係而已。顯見的眞理和想像的眞理不會是同一個眞理。

完全不會。

事件不會有任何意義。事件就是事件，意義是思想。**除非你給與事物一個意義**，否則它不會有任何意義。而你賦與事物的意義並不源自外在於你的事件、環境、情況或處境。「意義的賦與」完全是內在的歷程。

完全是。

知道你的自我是光。
甚至比氣息還大。
甚至大過全體。
比那包圍著你的寂靜更沉默。

知道你被擁抱。
甚至比以前更柔軟；
比任何黑暗都更深沉。

當你的光體
橫無際涯地呼吸
不知有任何概念
或界線

當你知道你的自我
是唯一的光
召喚奧祕
穿過你

以歌聲的恆久
優雅無邪的工具

那麼

就知道你的自我
是生命最大的笑聲；
最大的愛，
向奧祕招手

來到這裡……

——艾姆・克萊兒〈知道你自己是光〉（'Know Your Self as Light' © 2006 Em Claire）

第十章 談到後遺症

我們在這裡談的是思想的技術，或者我稱之爲心智的構造。這個探索不只是你我在哲學之巷裡漫步而已。當你深深了解到你的心智如何運作，你就會明白如何讓它爲你運作。

但你的心智可不願意這麼做。或者更正確地說，是你的**自我**不要你這麼做。你的自我是你的心智的一部分，而你的心智以爲**你就是你的心智**。它知道一旦你明白心智如何運作，你就會很清楚你並不是你的心智，而這個認知會逐漸瓦解自我的現在這個形式。

因爲自我知道這點，於是它超時加班，**好讓你的心智忽略這些東西**。例如說，在以下幾章裡，它會想辦法讓你對這整個探索覺得很「無聊」。或者對於冗長的解釋覺得很「厭煩」。或是覺得很「沮喪」，因爲勉強聽了這些解釋，你還是不知道怎麼去改變體驗變化的方式，好改變這一切。

所以，看看你的自我在這裡如何運作。看看你的自我如何想辦法要你放下這本書，**對這整個探索視而不見**。如果它成功了，你的自我便又一次成爲你最大的敵人。

已故的華特·凱利（Walt Kelly）[1]筆下的連環漫畫角色波哥（Pogo）有一句名言說：「我們遇到了敵人，敵人正是我們自己。」

現在讓我解釋一下自我是什麼，以及不是什麼。自我是你心智的一部分，它會分化「你」和「其他一切」。他其實是思想的技術裡很重要的部分。它不只可以思考一個思想，而且可以思考思想的思考者。

因此，自我是你最重要的天賦，因爲它讓你經驗到你是「你」，而不是其他人或事物。顯見的眞理說，每個人、每個事物都是你……但是全體裡自稱爲「你」的部分必須能夠**獨立地**經驗到自身，否則它就無法成爲一個實體，它無法經驗到在經驗裡顯現的自己。因此，它**個體化**（individuate）自己，而**自我**正是個體化的工具。

自我知道，「你眞正是誰」比只存在於你的心智裡的自我意識的部分更大。在那裡頭，自我是個重要的天賦，一個絕妙的裝置，一個不可思議的工具。然而，你的自我可

[1] 華特·凱利（Walt Kelly, 1913—1973），美國著名的卡通畫家。

能會失去自制力，就像科幻片裡失去控制的電腦，突然以爲它是**你的主人**，而你不再是它的擁有者。

當你的自我失去自制力，它不只會繼續把你和其他東西分開來，它也會把你和**你的「自體」**（Self）分開來。它讓你以爲你是它，而它不是你的一部分。你的自我搞混了它的工作，以爲它必須保護你，不讓你認識你的眞正自體。

因此，當你的自我想辦法讓你覺得無聊，或者覺得故事進行得不夠快，那就是你該拋下心智的時候了。你必須拋下心智，才能夠了解心智的構造和靈魂的系統。在那個時候，你不妨走出你的思考，繼續讀下去。你會聽到你的自我一直要求你中斷這一切，但是**不要理會它**。

我說過，經驗不是外在的事物，而是內在的。那就是爲什麼不同的人對於相同的事件會有不同的經驗。只有在人們沒空去思考的時候，每個人的經驗才會相同。

喔喔，等一下……那是個很有意思的想法。那是什麼？

我說……當人們沒空思考的時候，他們才會相同。他們被驅使去**反應**（react）而不是**回應**（respond）——就像人們恐慌的時候。當人們保持冷靜，停下來思考，就幾乎不可能有群眾恐慌這種事。

我在寫這本書的時候，一架從紐約起飛的全美航空飛機遇到鳥襲，引擎瞬間故障。

機長蘇倫伯格（Chesley B. "Sully" Sullenberger）駕機在哈德遜河迫降。飛機完美地緊急降落在水上，機上一百五十五位乘客走出飛機，站在機翼上等候鄰近船隻救援。所有人都生還。它被稱爲奇蹟。而生還者說事情就是那樣。他們說，那很簡單，沒有人恐慌，每個人都保持頭腦冷靜。他們回應，而不是反應。

意外事件發生後的幾週，蘇倫伯格機長在《新聞周刊》的一篇文章裡發表個人的評論，他說：「我們沒有放棄，我們胸有成竹，所以能夠不絕望。同樣的，面對個人危機的人們也要記住，不論被解雇或破產，無論環境多麼惡劣，無論多麼千鈞一髮，你總是可以做些什麼事。再怎麼艱難，都有解決的辦法。你可以撐過去的。」

謝謝你，機長。你三言兩語就捕捉到這整本書的精髓。答案就是，停下來思考，在任何艱難困厄的環境裡，一切瞬息萬變，你要懂得停下來思考。此外，整個過程不需要很久，最多幾秒鐘。你的心智是個奇妙的工具，它可以在彈指間權衡你眼前的所有選項，接著作出回應。但再怎麼說它都得花時間。**回應**需要時間，**反應**則是即時的。

當然，如果你的思考是基於想像的眞理，那麼「停下來思考」也終歸徒然。你的回應也不會比不加思索的反應好到哪裡去。如果機上的乘客覺得一切都完了，他們要沒命了，即使飛機安全降落在河面上，他們沒多久也會溺死……那麼恐慌就會接踵而至。至於讓人們保持鎭定、冷靜、沉著的機長和機組人員，則更是一言難盡了。

所以，訣竅是把你的意識從認知的最低層次提升到最高層次，**無論你的處境爲何**。記住，**反應**是本能的，**回應**是思考出來的。也就是說，思考是向外延展的。

然而，你的思想沒有形狀、形式或實體。它們就像一縷輕煙。不僅如此。它們比煙更縹緲。它們只是你懷抱的**念頭**。那麼我們要如何處理？

這些念頭很好笑，它們不必是眞的，也可以看起來很眞實。談到思想的時候，你的心智分不清楚什麼是實在的，什麼是想像的，什麼是「現在」，什麼是「過去」，什麼是事實上爲「眞」，什麼是顯然爲「僞」。

所以當你看恐怖片的時候，你的心智以爲那些資訊是眞實的，而讓你的身體產生反應。你的心跳加速，呼吸急促，甚至直冒冷汗。同樣的，你可能看到煽情的照片而有了身體反應，即使你知道那只是一**張照片**而已。讓你產生反應的，是你的心智對資訊的行爲，而不是資訊本身。事件以及你對於事件的實在性認知是不同的。

你的心智是一台機器。它就像是一部電腦。這部電腦並不「關心」事物，它只回應輸入的資訊，回應建置在它裡頭的東西。電腦術語裡有一個很有名的縮語：GIGO（Garbage In, Garbage Out），就是「垃圾進，垃圾出」。

你的心智運作正是如此。它自動回應你輸入的東西，如果你輸入錯誤的資訊（不是基於眼前的現實世界或究竟的實在界），你的心智就會得出錯誤的結論。

如果你的**回應**是以這些結論爲基礎，你就準備走一趟情緒的地獄了。（或許你現在就在裡頭。）你可能捲入和眞實**無關**的思考裡。而你甚至也滿不在乎，因爲你不會**知道**你的思想不是眞的。

但你終究要知道。

這就是我們在此對話的目的。我們到現在爲止都在重複、重複、重複同樣的東西；輸入、輸入、輸入相同的資訊。你的心智的確自動回應你輸入的東西，這本書也正是要輸入你**想要心智自動回應的東西**。

我剛才說，如果你輸入錯誤的資訊（不是基於眼前的現實世界或究竟的實在界），你的心智就會得出錯誤的結論。反之亦然。如果你輸入正確的資訊（基於眼前的現實世界或究竟的實在界），你的心智就會得出正確的結論。**這會泯除你生命裡的一切悲傷和煩惱、混亂和苦難、憤怒和恐懼**。

所以，現在跟著我。就像我母親曾經說的：「我自有道理。」這一切很快就會匯聚在一起，你會看到它們如何殊途同歸，就在你處理和面對改變的時候。

（如果你有一些問題，或者想要得到更多的解釋，歡迎你隨時上www.ChangingChange.net，我們會一起去探索。這不像大部分的書那樣……讀了以後不是「懂了」就是不懂。這是一種新的文類。這是**有生命的**文類。所以，如果你覺得頭昏腦脹，而且你現在正需要幫助，那麼就別埋頭苦讀。）

你的思想創造了你的情緒。我們現在很確定這點。這意味著**你**正在創造你的情緒。這是另一個其重要性不可勝言的資訊。

大部分的人並不認爲他們**創造**了自己的情緒。他們認爲他們只是**擁有**情緒。就像看著雪花或雨滴自天空落下。人們經常說他們被情緒**征服**了。

其實，情緒是被選擇的。心智**決定**要以某個方式去感受。情緒是個「意志的行動」。

哇，這眞是令人難以接受。如果你接受這個說法，你會突然得爲一切負責；你的感受、你基於感受而和他人的互動……所以當人們聽到這種說法時，總會顧左右而言他。

「總有個**方法**讓我不必爲我的感受負責吧。我是說，我是得爲我對感受的反應負責，但是爲什麼要爲感受本身負責呢？得了吧！我才不要爲它負責。我的**感覺**就是這樣，那就是**我的眞理**。」

你是否對自己說過類似的話？除非我們都能明白自己在情緒創造裡所扮演的角色，否則人類是無法進化的。所以我要重複說：情緒是被選擇的。心智**決定**要以某個方式去感受。情緒是個「意志的行動」。

但我也得承認：你的心智總是如渴驥奔泉，而你彷彿也無法控制你的情緒。

你的大腦運作得比任何電腦都要快。（幾年後或許不是，但是現在仍然如此……我想。）你的心智很快地把你轉移到（move into）一個情緒裡頭，而你的情緒則是以心智形成的思想爲基礎。這就是人們常說的：「我很感動（moved）。」的確如此。思想是個**能量**，心智的工作就是**讓能量運動**（E＋motion）。

既然它就像**電光火石**一樣，我們就得**預先**知道一個核心問題的答案：是什麼東西產生那創造情緒的思想？思想從哪裡來？

如果你有了答案，你就可以**改變**你對於事物的思考了。而如果你可以改變你對於事物的思考，你就可以對於該事物創造一個不同的情緒，因而也會有不同的經驗。心智的運作再怎麼快，也只是處理資訊而已。垃圾進，垃圾出。

沒錯。創造一個不同於現在所擁有的經驗，正是你想要做的。我保證這一切會回到你身邊，回到你正面對的事物。

那麼……是什麼創造了那創造一個情緒的思想？思想是從哪裡來的？它來自你**內在的眞理**。那麼，內在的眞理是從哪裡來的？它來自你**先前的資訊**。那麼，如果我們預先知道了這點，是否可以在一個思想創造不好的情緒以前，就先改變它呢？

或許不能。在極少數的情況下或許可以，但是在大部分的例子裡是沒有辦法的。因爲它發生得太快了。即使預先知道爲什麼它會發生，也沒有辦法在你**知道它以前**阻止它。除非你是個眞正的大師。除非你是神，或是達賴喇嘛之類的人。

（我不是在取笑他。他眞的是個大師。但是有多少人能像他一樣呢？）

那麼這一切有什麼用呢……討論這個、探討這一切，就各個方面去檢視它，對我們有什麼好處呢？問得好。非常好的問題。非常重要的問題，所以，在你費力前進以前，給你自己一點：

（呼吸的空間）

吸進你剛才讀到的東西，然後決定是否要繼續下去，或是休息一下，待會再來這裡找我。

如果你準備好了，請跳到……

重點是在事後，而不是事前

我告訴你這一切的目的在於，儘管你或許無法預先控制你的思想，但你現在有了一個非比尋常的工具，一個超強的裝置，可以在**事後**改變你的思想。事實上，它幾乎可以在事後**立刻**就改變了你的思想。那和在事前爲之幾無二致。

想想看。如果你可以在幾分鐘內，甚至幾秒內，改變在過去二十年來創造種種負面情緒的大部分思想，當場讓它們轉化爲更正向而能療癒的東西，**你不會樂意爲之嗎？**我的意思是說，你想那會不會改變你生命裡的某些重要契機呢？

想想你的未來或是目前的處境。如果你現在就可以把負面情緒轉化爲正向情緒，甚至以後的每一天也是如此——即使你已經有了負面情緒——那不是很美妙的禮物嗎？

我從一開始就向你保證，當你走過這一回，你可以把恐懼變成振奮、把擔憂變成驚奇、把預料變成期待、把阻抗變成接受、把失望變成釋然、把憤怒變成投入、把狂熱變成喜好、把需要變成滿足、把論斷變成靜觀、把悲傷變成快樂、把思想變成臨現、把反應變成回應、把混亂的時刻變成平安的時刻。

我並不是說你再也不會有恐懼，不會擔憂，不會失望或悲傷或混亂。我是說，你將能夠改變它們。你可以很快就改變它們。就在它們生起的時候。你可以看著它們湧現，在它們一出現的時候就改變它們。

或者你可以和它們和平相處。正如靈性導師瑪莉・歐瑪列（Mary O'Malley）所說的，你可以用單純的好奇心看著它們，觀察擁有那個感受是什麼樣的感覺。然後你可以和你的情緒（以及它產生的扭曲的世界）一同閒逛，多久都沒關係。你胸有成竹。你可以隨心所欲地創造任何「後遺症」。在你感受到第一波情緒以後，你要它如何影響你，決定都**在於你**。

此外，你可以信任自己。**你會知道**什麼時候該停止某個經驗。你會知道什麼時候該結束悲傷，你憤怒的時候已經過去了，你以眼淚織成的面紗也該掀開來了，你的恐懼就要消退，你的不幸也要結束了。

你可以決定，在負面能量襲向你的當下就改變它，或者你也可以選擇在幾個星期、幾個月，或幾年以後。（我們都見過人們爲過去的事痛苦了幾十年。）但現在至少你不能說**你無法控制**這些情緒，或是創造情緒的思想，你不能說**你無法控制**你體會生命的方式，你也不能說**你無法控制**你身處的實在界。

在我自己的生命裡，我把憤怒或挫折的經驗縮減到十二到十五分鐘。然後我就拋開它。悲傷則要多一點時間。有時候要半個鐘頭。恐懼則更長。我可以在恐懼裡閒逛，載浮載沉，不知不覺就過了好幾天。而**憂鬱**呢？吁，只要有一點點鼓勵，我可以把憂鬱當作一個「心智的常態」。（它顯然太好玩了，讓我捨不得放棄。）

重點是：我抱守著對我有用的經驗，而且只在那些經驗對我有用的時候。可是我怎麼知道它們什麼時候對我不再有用呢？那就根據我的「快樂量表」。

你瞧，我很清楚我自己。我可以很**高興**自己在生氣，我也願意承認這點。我可以很**高興**自己在悲傷，而我也可以承認這點。有時候，有一點壞情緒感覺還不錯。有些憤怒會帶有某種快感。（我最喜歡自以爲是的感覺。）但是一旦壞情緒不再讓我感覺良好，我就會捨棄它。**我不會虐待自己**。

你也不必虐待自己。所以，現在看看你的生活怎麼了，你的感覺如何。只要你覺得現在的感受還不錯，在某個層次上得到回報，而且享受你現在的經驗，那麼它就對你有用。（問題在於你是否能夠承認它。）

只要你明白你要結束一種感受的方式……當你聽到你對自己說：「我要結束它。我要戒掉它。我再也不要它了。」那麼你就可以立刻用上述的工具**結束它**。

這是你在這裡給與自己的禮物。

你得搞清楚。你看到這本書。你打開它。你隨著它一路探索。你結束它。你給自己這個禮物。很好。你需要它。你值得。而你擁有了它。

接著我要告訴你這一切如何在現實生活裡運作。不是在紙上，不是在演講裡，而是在生活裡。

他們不著手做大事。

他們只是嬉戲，他們三個：
黝黑而粗糙，
有斑點而眼睛明亮，
毛髮有光澤，帶著探詢的眼神。

每天早晨，遊戲繼續，
他們拉拉扯扯
玩一整天。

如果他坐著搔癢，向窗外凝望
山谷間的分水嶺，
她會給他一頂耐用的帽子
或是橡皮管
或是四分之一顆塑膠球
丟在他跟前。

如果其中一隻，有著月色眼睛
躺在常春藤裡，太陽在她肋骨上
葉子在她耳朵裡

另外兩隻會捏掐拉扯她的頸子和尾巴
擾亂她的酣睡。

那是純粹的天賦和心靈。
三隻狗活出了奧祕
在每個片刻裡
而奧祕卻如流水一般
從我手裡悄悄溜走。

——艾姆・克萊兒〈三隻狗知道〉（'Three Dogs Knowing' © 2005 Em Claire）

第十一章

專注當下

我要對你證明，你可以（任何人都可以）走向一個關於萬物的新的內在眞理；你也可以在幾分鐘內，從想像的眞理變檔加速到顯見的眞理。

你可以在**事前**（在你有預感要發生什麼事以前）或**事後**（我想大部分是這種情況）使用這個技巧。

提高你的內在眞理，其實就是改變你的視野，這比大部分人所了解的要容易得多。其實，你一下子就做得到。

我要以我在世界各地舉辦的「改變一切」研習營裡的一個例子作爲證明。在研習營裡，我用了一個叫作「專注當下」的方法。那是我所創眾多方法之一，好讓心智進入新的認知層次。

藉由「專注當下」，可以讓心智注意到，「那時候」不是「現在」，「現在」不是「明天」，「現在」就是「現在」，由此喚醒心智，讓它重新啓動思考程序。換句話說，讓心智注意眼前的東西，而不是想像的東西。

這個方法告訴心智，除了**現在發生的事**，就**沒有別的事**。它教導心智不要徒增煩惱。現在考慮的資訊就僅限於眼前的資訊，也就是眼前的東西。如是便爲思想創造了一個新的起點：顯見的眞理。

從這個新思維也產生了一個新的情緒。新的情緒則創造了一個新的經驗，也就是「眼前的現實世界」，以取代那造成種種內心混亂的「扭曲的世界」。所有蛻變都在一個人的心裡完成。外在事件並沒有任何改變。

每當我看到研習營裡有人在思考當下發生的事情時，始終以錯誤的出發點去思考，並由此產生一個關於「現在」的扭曲經驗，我便會使用「專注當下」的方法。

最典型的例子是，在靜修或研習營裡的某些人，會因爲屋子裡的變化而生氣。他們興奮地來到研習營，很期待有個深刻難忘的經驗。但是事情有了改變，或許是我說了一些某個人不喜歡聽的話，或許我的個性和某個人有了磨擦。屋子裡的氣氛改變了。你可以明顯感受得到。你可以感覺到改變。它看得見摸得到，而且是眞實的。

只要有一個學員有了負面的感覺，屋子裡的能量就改變了。遲早那個學員會說：

「我不喜歡這裡發生的事。」於是我會問他說：「你認爲發生了什麼事？」

他們時常覺得我的問題很奇怪。我解釋說，因爲許多人沒辦法**專注當下**。而當我問他們現在發生什麼事時，他們確實經常說不上來。

於是我對那個人說：「你說你不喜歡某些事。你覺得現在發生了什麼事？」

他或許會說：「呃，你的聲音很刺耳，而且很嚴厲。」或是類似的話。

我說：「你眞的覺得我的聲音刺耳嗎？如果是，那又如何？」

「那麼我會不**開心**，」他說。

我會請他到前面來，問他說：「你想要療癒它嗎？」對方的回答經常是：「治療什麼？我很好啊。是你的行爲比較像個笨蛋吧。」

學員們低聲竊笑，我也在笑（因爲在每次靜修裡，總會有人抱怨主辦人），接著我說：「或許你可以療癒我。你願意這樣做嗎？你願意幫助我，不要讓我像個笨蛋嗎？」

他們都笑了出來。「或許吧，」他說。

於是我說：「太好了！謝謝你！那麼我們來試試看。上台來吧。」

大部分人都會有點猶豫，但還是願意上台來，因爲他們都願意「表演」。他們滿勇敢的。其實你也是。爲什麼我知道你也很勇敢呢？**因爲你現在正在讀這本書**。只有勇敢的人才會讀它。我是說在情緒方面勇敢的人。那就是你，否則你不會看這些東西。所以我要謝謝你陪著我。

我也是這樣對上台的學員說的。我說：「謝謝你陪著我。」接著我說：「現在我要你**專注當下**。」

他們通常會回答說：「我不知道那是什麼意思。你是指什麼？」

「我的意思是，仔細看看現在發生的事，就在這屋子裡，你和我站在一起。這是個很安全的方法。我可以和你一起試試嗎？我可以和你一起試試這個方法嗎？」

我告訴他們，在某個層次上，那可能會很有啓發，或是有點驚人，但是它也可能有害。如果他們說，好吧，你可以試試，情況經常是……以下是我和一個對我的能量有些厭惡（或許更好的說法是生氣）的女學員的對話：

我：妳確定妳要試試這個方法？

學員：是的。

我：完全確定？

學員：是的，我完全確定。

我：妳不會生我的氣，無論發生什麼事，只要我不傷害妳？

學員：我不會對你發脾氣。不會比現在更生氣。（哄堂大笑）

我：很好。那麼我要告訴妳，不會有什麼事……啊！啊～～～～～～

我對著她大叫。

我喊得很大聲，距離她一呎半，其實要更近一些。我對著她嘶吼……只是發出一些無意義的聲音。

當然，她嚇了一跳。她飽受驚嚇，哭了出來。

我溫和地說：「現在發生了什麼事？」

她看我的眼神彷彿我是從火星來的。她仍然在啜泣，微微顫抖。我非常輕柔地說：「專注當下。這裡發生了什麼事？」

「你嚇了我一跳。」

「不，是妳嚇到自己。我做了什麼？妳是自己嚇自己，我哪裡有做什麼？」

「你對我大吼。你走近我，對著我的臉大聲喊叫。」

「好吧，妳覺得那是怎麼回事？到底發生了什麼事？妳**觀察**到什麼？我不是說妳的心智**告訴妳**發生了什麼事。我是問，眼前是什麼？我不是說妳想像的東西。」

「我沒有想像任何東西！你就站在我前面，對著我的臉大吼！你嚇到我了。」

「不，我沒有嚇妳，是妳嚇自己。危險是屬於『扭曲的世界』，但是什麼是『眼前的現實世界』呢？」

「我不明白你的用意何在。我不知道你要我說什麼。」

「妳看到什麼？妳觀察到什麼？」

「一個巨響，我耳朵裡頭的一個巨響。」

「很好，還有呢？」

「我感覺到你的呼吸。你靠得很近，我感覺到你在我臉上的氣息。」

「很好，我們找到重點了。我有碰妳嗎？」

「沒有。」

「我有傷害妳的身體嗎？」

「沒有。」

「那麼妳只是聽到一聲巨響，臉上感覺到氣息？是這樣嗎？」

「是的。」

「那又如何呢？有什麼好驚嚇的？如果它讓妳暫時嚇一跳，那很正常。妳聽到打雷也會嚇一跳，但是在第一聲雷鳴以後，妳還會感到受傷嗎？」

「你不明白。你嚇到我了。」

「但是妳開始哭，眼淚流了下來。」

「是的！因爲你嚇到我了。」

「不，是妳嚇自己。我們別爭辯這點了。我問妳，妳是否曾經被打雷嚇到，例如夜裡的雷聲？」

「當然，我們每個人都會被嚇到。」

「很好。那麼當妳被嚇到的時候，妳有哭嗎？」

她沉默片刻。

然後她說：「沒有。」

「好了。那麼我們可以確定，一時的驚嚇是很正常的事，也許因爲有東西掉下來，或是妳聽到打雷聲，或是發生了什麼出其不意的事。但是只有嬰兒在聽到雷聲時才會哭，**因爲他不知道發生了什麼事**。妳聽到打雷聲，即使它一時嚇著了妳，但是妳不會哭。爲什麼？因爲妳知道那是怎麼回事。妳的心智看到了**眼前的事物**。那不是想像的眞理，而是顯見的眞理。出乎意料的瞬間過去以後，有什麼東西會繼續帶給妳創傷呢？」

這時我看到學員們露出同意的眼神。我繼續說……

「妳在任何一個『現在』裡經驗到的持續的創傷，是妳從別處灌注到當下的，而不是『此時此地』的。妳執取著不眞實的東西，例如『昨天』。妳的心智知道：我的父親在我六歲時對我做了那件事。妳開始把昨天灌注到當下。拔開資訊槽的栓子，讓它們全都排出去吧。『排乾屬於昨日的當下』。妳可以做得到嗎？」

她停頓了一會兒……

「是的，我想我可以。你怎麼知道我父親的事？」

「我只是猜想的。也可能是任何事。重點是，妳的心智把事物從過去往前拉，然後灌注到當下，妳的思維創造了情緒，妳的情緒產生了萬分驚嚇的經驗。現在，妳再看看剛才過去的那個當下，就在這個屋子裡。發生了什麼事？妳觀察到什麼？」

「我觀察到一個巨響，一聲大叫，嚇了我一跳。我觀察到我臉上的氣息。我感覺很害怕。」

「很好，妳觀察得很好。現在告訴我，妳怕我嗎？妳認爲我身爲靜修會的主辦人，會傷害妳嗎？」

「不，大概不會。」

「**大概**不會？」

「確定不會。你不會傷害我。」

「妳確定嗎？」

「是的。」

「那麼妳爲什麼會害怕？」

「因爲你讓我想起我父親，他曾那樣對我吼叫，而且傷害我。」

她靜默了很久。她以前就知道，但是現在她完全明白了。所有學員都明白了。

最後，我盡可能溫柔地說……

「我知道了。因此妳以爲『現在』是『那時候』。」

「我很抱歉。那是『自動』的反應。」

「不必抱歉，那很正常。但是我要問妳，妳認爲妳可以『解除自動裝置』嗎？」

「是的，我大概可以。」

「妳是說，我可以再對妳大吼，而妳不會害怕？」

「我想是的。嗯，沒錯。」

「其他人也可以嗎？」

「什麼？」

「在其他時刻，其他人也可以突然對妳吼叫，而妳不會感到害怕嗎？」

「我想是的。」

「爲什麼？爲什麼妳現在做不到，以後卻可以？」

「因爲藉由這個方法，我看到我在做什麼。因爲現在我明白了，我**以爲**發生的事，並不是真正發生的事。」

「好極了。所以妳試著區別『那時候』和『現在』。妳解放昨日的妳。妳再也不虧欠它妳的『今天』。妳已經給了它太多妳的當下。如果妳要給自己自由……那就**專注當下**。仔細觀察此時此刻發生的事。不要理會『想像的眞理』，才能看到『顯見的眞理』。明白嗎？」

「是的，我想我明白了。」

「妳**想**妳明白了？」

「不，我明白了。」

「好極了。非常謝謝妳。爾後在靜修期間，如果我太激動、嗓門變大或聲音太刺耳，妳會明白那是怎麼一回事，對吧？」

（一陣笑聲）「是的。」

「很好。請坐下。」（掌聲四起。）

相信我，你不必知道。
更不要讓你自己覺得無助。
在面對往後的生活時的無助。

知道得很少，沒什麼不好。
關於愛。
關於他人。
關於生活應該是什麼樣子。
就以事物的本然去補償。

什麼東西都不知道，
以平穩的膝蓋漫步，
隨時準備放下它們，
當生命有所要求的時候。

空著手
當悲傷到來的時候
可以把它捧到你心裡。

鋪一張床，讓你可以倒臥
枕著你自己安慰的臂膀。

我們終於發覺，生命總是很安靜。
它要我們以我們的知識為生，
卻又要向它讓步。

它在我們四周輕快地震動，
率直而親切。

你瞧，當我們再次深植於知識，
生命似乎就得大喊——
從它的低語裡，
含情脈脈地，
醒來。

——艾姆．克萊兒〈生命總是很安靜〉（'Life Is Mostly Quiet' © 2007 Em Claire）

第十二章

我們的眞理從哪裡來

我希望你知道，在上一章和你分享的方法裡，我只是要激勵那位女士以新的「原點」去開始她的思考。我請她以顯見的眞理作爲她思考歷程的起點，而不是想像的眞理。

當我對著她大吼時，她其實有三個眞理的品牌可以選擇，好去思考到底是怎麼回事。她選擇了其中一種眞理，而形成一種思想，該思想則創造了一個情緒，而由情緒產生了她的實在界。她先是產生了一個「扭曲的世界」。然後她把她的經驗提昇到「眼前的現實世界」，而她只是**改變她的心智**就做到了。

你知道「研習營的女士」以前都怎麼做的嗎？她所做的和我們一直在做的沒什麼兩樣。她創造她自己的實在界。實在界不是眞正發生的事，它是我們**認爲**發生的事。我們經驗到的不是外在事物，而是內心對於外在事物的反應。

很多人以爲「你創造你的實在界」是個靈性教義。但是這裡所謂的創造自己的實在界，並不是在我們以爲的靈性層次上，而只是在心理的層次。那是心智的作用，和「心智的構造」有關。

當你正確理解到那是怎麼發生的，你就有能力讓它發生。隨心所欲。然後……你就自由了。免於情緒的混亂，免於痛苦、挫折、焦慮和恐懼，以及經常伴隨著不幸的改變和生活的混亂所產生的種種負面情緒。

我在小學五年級時，有個小流氓一直纏著我不放。他每天都會找理由揍我，在隊伍裡、樓梯或餐廳。我每次都得說：「住手！你最好住手。」我至今還記得他對我嗤之以鼻地說：「是嗎？你要怎麼辦……哼？」

當然，他很聰明。雖然他自己不知道，但是他很聰明。因爲他問的問題碰觸到所有生活的本質，以及在生活裡發生的改變。**你要拿它怎麼辦？**

每次我們心外發生了什麼事的時候，總會有這樣的生命探索。每次有什麼事件發生的時候。每當生命陷落的時候，無論是什麼事。也可能是日常瑣事，或許是你掉了眼鏡，或許是你的配偶心情不好，或者心情很好，或許你被裁員了，或者剛被雇用。來自生活的問題總是一樣的：

你要拿它怎麼辦？

你的答案會創造出你的經驗。

我們大部分的人都不這麼想，但是我們生活的每個片刻的確是這樣。我們從外在世界得到輸入的資訊，我們以此創造我們的實在界。

我們幾乎是無中生有地創造了實在界。我們以單純的思想創造它，那個思想則是源自我們心裡所抱持的眞理。這一切都導到下一個邏輯探究。**那個眞理是從哪裡來的？**

我們先是問，實在界從哪裡來？答案是：它源自我們的經驗。接著我們問：我們的經驗從哪裡來？答案是：它來自我們的情緒。然後我們問：我們的情緒從哪裡來？答案是：它來自我們的思想。然後我們問：我們的思想從哪裡來？答案是：它來自我們的眞理。現在我們要問：我們的眞理來自何處？答案是：它源自**我們的資訊**。

我們的資訊又是從哪裡來的？呃，有許多來源。我們的父母。我們的家人。我們的朋友。我們的鄰居。我們的老師。我們的模範。我們的文化。我們的宗教。我們的娛樂。我們的遊戲。就連我們以前生活的親身經歷也都受上述的一切所影響。

於是我們問，是什麼東西刺激或導致所有以前的資訊「呈現在」我們的認知裡？答案是：一個事件。一個外在於你的心智的事件。所有事件都會喚醒以前的資訊。

然後我們問：是什麼東西造成**那個事件**？答案是：我們的實在界。

換句話說：**因果相續。整個事情是個循環**。

你明白了嗎？那條直線……因果的直線……那條線根本不是直的。它是一個圓圈。宇宙裡沒有直線。它們只是看起來是直的。所有的線到頭來都會彎曲。你曾經「極目四望」嗎？你只看到虛空。地球表面是彎曲的，在地平線以外，它就彎曲了。一切都是彎曲的。時間，空間，所有東西，不只是地平線。我現在說的是所謂的「事界」（Event Horizon）。❶

好了，我們回到因果線：

事件＋資訊＋真理＋思想＋情緒＝經驗＝實在界

現在，在你心智的眼睛裡，**把這條線彎成圓圈**，讓兩端相接，像錶帶一樣。你就會看到眞理。事件接觸到實在界，實在界接觸到事件……

❶「事界」是物理學名詞，指一個時空區域的邊界。

它們彼此相接。

喔，老天，這不是折彎了因果線。它也**折彎了心智**。

吁。好吧，我需要休息一下。我眞的需要。你那一頭怎麼樣？那麼：

（呼吸的空間）

吸進你剛才讀到的，或許再看一兩遍……然後把它擱在一旁。

當你準備好繼續下去了，你才跳到……

我們要繼續做什麼？

現在你知道怎麼去應用它了嗎？明白了（且利用）我所描述的機制，你知道你對於當下生活遭遇的經驗也可以有戲劇性的改變嗎？

你只需改變你對於事物的內在眞理。爲你的思考找個新的起點。然而，這裡就是個新挑戰……

並沒有什麼全新的起點。也沒有新鮮的觀點。

有人說：「從創世的第一天開始，在人類生活裡就沒有新鮮觀點了。」這麼說或許有點誇張，但是論點很清楚。我們在思考任何事物時，總是從「先前的資訊」出發。它還能怎樣呢？除了已經發生的事物以外，我們無從著手做什麼。

我們可以嗎？

創造你的思想的，是你所接受的眞理。決定你要接受什麼眞理的（顯見的眞理或想像的眞理），是**你正看到的過去的資訊**。

好了，跳到兔子洞深處。帽子師傅（Mad Hatter）沒多久就會出現，對我們信誓旦旦地說，那是什麼，不是什麼。好了，我們深入母體裡，沒多久穿著白色西裝的男子就會帶我們到一個四面都是電視牆的白色房間，對我們解釋一切……

我們會明白，你的內在眞理不只是源自你「過去的資訊」，而且是源自你選擇要看的「過去的資訊」。

在創造眞理的過程中（是的，你的心智創造了眞理，它並不觀察眞理），心智回溯到過去，如果過去片刻的色、聲、香、味、觸和當下一樣，它就會找回那個片刻的資訊。如果心智找到一個配對，它會比較兩個資訊的配對程度，然後把**它認爲有關連的**過去資訊加在現在的片刻裡，**於是創造了一組新的資訊，完全不同於原本所觀察到的資**

訊。

這個修正和增補的資訊在產生你所謂的「經驗」時影響甚巨。你的實在界不是你所看到的，而是你在增加了過去的資訊以後，你**認爲**你所看到的。它是基於你自「過去的資訊」抽出的眞理，輸出到「當下的時刻」。那是你經驗到的實在界。十個人可能以十種不同的方式經驗到它。把它時時記在心裡是很重要的。要**時時**記在心裡。

以下是棘手的部分。其實，你心裡有兩種「過去的資訊」。我稱之爲「經過評斷的過去資訊」以及「事實性的過去資訊」。

如果只有一種不是很好嗎？但是我們有「三位一體的實在界」、「三種品牌的眞理」，現在我們又得有兩種「過去的資訊」。不過至少我們找到根源了。它是眞正的元凶。

如果只有一種「過去的資訊」，我們就只會有一個眞理，也只會有一個版本的實在界。所以至少我們知道問題所在了！

那麼……「經過評斷的過去資訊」可能包含你所謂的「好的回憶」和「不好的回憶」，其標籤端視你如何評斷那最初產生記憶的事件……當然，那個判斷則是基於以先前的過去資訊爲背景的先前事件……它又是基於更早先的事件……直到你出生的那一刻，甚至更早。（是的，你在子宮裡便開始接受事態的種種資訊。）

「經過評斷的過去資訊」之一例：結束一段戀情是很痛苦的。

「事實性的過去資訊」之一例：一段戀情的結束是兩個人不再親密地生活在一起。它可能是好的，也可能是不好的……或者是不好不壞，就是這樣。

這些東西在你心裡不停翻滾。它們住在裡頭，沒辦法刪去。這部電腦沒有刪除鍵。你的心智會讓過去的資訊「現前」，只要有任何「當下的資訊」看起來和它類似。接著你會以過去唯有你才擁有的資訊去評估當下的資訊。不會有別人走過你的從前。別人不會擁有你的歷史。

這意味著世界不會有人和你擁有完全相同的遭遇、認知和經驗。**只要你待在你心裡，那就不會有**。就字面的意思而言，「心智的相遇」是不可能的。但是你卻可以有**靈魂**的融合。那是每個人都渴望的幸福關係。眞理也是在那裡被尋見的。人們渴望那種關係，因爲他們很清楚，那不僅是可能的，不只是以前曾經有過，而且當下就正在進行著。唯一阻礙我們去經驗那關係的，就是情緒，情緒以思想爲基礎，思想以眞理爲基礎，而眞理則以「經過評斷的過去資訊」爲基礎。

心智顯然無法閃避這條因果線，那麼靈魂如何能夠呢？很簡單。在「究竟的實在界」裡（靈魂居住的地方），並沒有「過去的資訊」這種東西。它總是在「此時」、「此地」。

但這是第二部要談的東西。

我們回到在大部分人生活裡的遭遇經驗，我們的心智總是在「經過評斷的過去資訊」或「事實性的過去資訊」裡翻滾，在因果線的末端產生精神醫師和心理學家所謂的「客觀實在界」和「主觀實在界」。

主觀實在界源自「經過評斷的過去資訊」。（它們不全然是負面的，我們不可就此推定。我們經常認爲往事是很美好的。）。客觀實在界則是源自「事實性的過去資訊」。（你可以稱爲「原始資訊」，而和「分析的資訊」相對。）

在我自己的模式裡，我把客觀實在界稱爲「眼前的現實世界」，而把「主觀實在界」稱爲「扭曲的世界」。我爲什麼不使用和治療團體相同的術語呢？爲什麼我要創造我自己的模式呢？

因爲我的術語更傾向於描述性（descriptive），更重要的是，因爲傳統的治療模式**無法辨識出第三種實在界的存在**。

當我使用這個模式，而顯示出某種超越「扭曲的世界」以及「眼前的現實世界」的東西，我稱之爲「究竟的實在界」，一時間我豁然明白。

這個第三實在界的存在，讓所有人都能夠很戲劇性地改變他們的生活。不只是讓生活有所不同，而是讓它**蛻變**。

如果我們專注於第二種實在界（你客觀觀察的世界，和你主觀經驗到的不同），可以改善我們的經驗，好的心理學家會幫助人們這麼做。而專注於第三種實在界（我們**究竟**的事相，而不是我們**所觀察到**的事相），可以讓你的生活再也不必忍受情緒的混亂。**永遠不會**。

佛陀正是住世在那裡。基督也住在那裡。所有眞正的大師都住在那裡。那裡是尤加南達（Paramahansa Yogananda）❷的家。那裡是達賴喇嘛的家。你將會在那裡看到一行禪師（Thich Nhat Hanh）❸。你也會看到西方的大師，例如史蒂芬・雷凡（Stephen Levine）❹、艾克哈特・托勒（Eckhart Tolle）❺、拜倫・凱蒂（Byron Katie）❻，以及瑪莉・歐瑪列。他們都**理解**生命，也如某些人所說的**掌握生命**。

---

❷尤加南達（Paramahansa Yogananda, 1893—1952），印度瑜祇，教導西方人靜坐和潔淨瑜伽。

❸一行禪師（Thich Nhat Hanh, 1926—），越南佛教比丘、詩人、和平運動者。

❹史蒂芬・雷凡（Stephen Levine, 1937—），美國作家，以討論生死問題著稱，也致力弘揚上座部佛教。

❺艾克哈特・托勒（Eckhart Tolle, 1948—），德裔作家、靈性導師，著有《當下的力量》（*The Power of Now*）、《一個新世界》（*A New Earth*）。

❻拜倫・凱蒂（Byron Katie, 1942—），美國作家，著有《轉念作業》（*The Work*）。

我用我的話去開顯這個理解。對我而言，如果要在最理想的層次上善用心智（也在那些層次上去體驗**生命本身**），顯然我們必須超越一般的心理治療模式。

現代心理學的架構給與靈性很少的空間。也就是**神**和**靈魂**。**這是最大的諷刺**，因爲原始的概念正好相反！

「心理學」（psychology）這個詞就給了我們一點線索。「psyche」源自希臘文，意思是「靈魂」。而「logy」也是希臘文，意思是「知識」。於是「psycho」加上「logy」就等於「靈魂的知識」——那是古代希臘人的知識，所有健康的行爲都以它爲基礎！

而我使用的架構（包括這本書裡的架構）也知道相同的事。我用以探究和影響行爲的模式是以靈性**爲基礎**；它是**奠基**於「神學」（theo-logy），也就是關於神的知識。它在治療上會更有效嗎？**你覺得如何？**

在我的觀察裡，第三個實在界，究竟的實在界，是源自「眞實的眞理」，它最終不只是解釋發生了**什麼事**，而且能夠解釋**爲什麼**。我們知道了**爲什麼**（例如突然的改變），便可以利用心智的無窮力量，結合靈魂永恆的清明，不僅改變對於**過去的事物**的經驗，也可以創造我們對於**未來的事物**的經驗。

這是人類下一步的演化。而人類不必等候多年。你也不一定要信仰神。你是自由的。這本書沒有要你歸信。我也不想說服你相信什麼。我只是要和你分享某些工具。你會看到它們對你是否有用，但是你不必爲此而信仰任何東西。

但是你要知道，一旦你用了這些工具，不只會改變你對於正在面對的生命變化的經驗。它們也會影響你將要面對的變化，從現在到你死去，你將會經歷「萬物更大的變化」。

當你死去的時候，你會發生什麼事，你會覺知到什麼，將改變你對於以前生活的觀點。你會以更大的視野去觀照每一件事，以愛和包容去看待每個時刻，以諒解和憐憫去審視每個過錯，以溫和的驕傲、平靜的喜悅去對待每個成就，並且願意接受且擁抱自己的成就。

我們的對話就是要讓你**如是觀照**。也就是要從「那時候」轉移到「當下」。

我記得我父親曾經說：「如果我**那時候**知道**現在**我知道的……」這本書是要讓你**現在**知道**你將來**要知道的。很讓人心動是嗎？

這一切：
是準備要在世界裡行走
如光一般。
你現在已經尋著，
經歷了生生世世。

表面的
每一層灰塵
都已經拂拭，
你已經認識到的
你
必須消散。

讓這光
成為你的語與默。

讓你生命裡的
悲傷
遠離。

讓愛你的

人們
愛他們自己。

讓大地震動，
眾星燃燒
諸天裂開
當你這麼做的時候。

儘管很痛苦，
你注定要知道你是光。

——艾姆·克萊兒〈你注定要〉（'You Were Meant' © 2007 Em Claire）

第十三章

蛇、獅子和人類

這本書的第一部快要結束了。這次美妙對話的第一部分，讓我們清楚思考了「心智的構造」，好讓你改變對於變化的經驗。在我們相聚的第二部分裡，我們要探討「靈魂的系統」，以改變你**創造**變化的方式。

如果沒有深入了解第一種工具的機制，我們就無法解釋第二種工具（更刺激的工具）如何運作。而如果沒有第二種工具的挹注（力量），我們再怎麼充分解釋，都無法善加利用第一種工具。

重點就在於，生命在它的兩個部分裡都有個目的和它本具的功能。我們都在利用生命所展現的各個面向，物質的或精神的，作爲通往「究竟的實在界」的工具和道路。

我們現在要更深一層探討物質面向的生命，這個探究將導出一個**改變生命樣貌的問**

題，讓你在前幾章讀到的東西發揮你無法想像的作用。

接著我要回到你身上，以及你今天體驗到的生命。

我始終假設你正處在生命重大改變的時刻。我希望你明白，你對於這個改變的經驗或許和你實際的所見所聞完全無關。關於它的內在眞理，是由你「過去的資訊」所形成，而內在的眞理則孕育了你的思考、情緒和經驗，並且由它們創造了你當下的實在界。

你身處於「扭曲的世界」、「眼前的現實世界」或是「究竟的實在界」呢？嗯，你可以由你的**感覺**去判別。

如果你覺得糟透了，那麼你是在「扭曲的世界」；如果你覺得還好，那麼你是在「眼前的現實世界」；如果你覺得很幸福，那麼你就在「究竟的實在界」裡頭。

這都在於你如何爲當下的資訊找到配對。但現在我問你一個有趣的問題：如果你在生命的此時此地遇到一個你的心智**找不到配對**的資訊，那該怎麼辦？

我會問這個問題，是因爲你一路跟著我思考，或許你已經在心裡問過自己了。答案是：這種情形不太可能出現。

如我所說，你幾乎不可能在「過去的資訊」裡找不到當下處境的配對。你現在經驗到的，幾乎都是過去經驗的某個版本。即使是回溯到在搖籃裡的時候（或許你已不復記憶），但是我保證它還是在你的資料庫裡。

以我爲例，我還清楚記得不滿兩歲的我站在嬰兒床裡的時候。那時我剛學會用便盆，想要上廁所。媽媽在另一個房間裡，我叫她來抱我出去。她聽到了就說：「我馬上來，寶貝。」但是她沒有來。

我不停地叫，接著哭了起來。她一直說她就來了，但是卻遲遲沒有過來。我不知道她在那個房間做什麼，但是顯然她不想被打擾。麻煩的是那時候我很需要她。我知道她聽得見，因爲她有回答我。但是她沒有來。我覺得被遺棄了。**爲什麼她不來呢？**

我想盡辦法要爬下床……至今我還可以看到自己想辦法站起來，把腳跨過護欄……但是沒有用，它太高了。我跨不過去。

「媽咪！」我最後一次大喊，但是沒有用。我哭了好久，後來尿在尿布裡。

我知道那沒什麼大不了的。**現在**我知道了。但是**那時候**我不知道。**而資訊就是在那時候儲存的**。

你看到了嗎？你明白了嗎？

我被教導說，大男孩要用便盆。沒辦法作個大男孩，讓我不知所措。

直到現在我都還得面對被遺棄的問題。你認爲這是我編的故事嗎？但**心智就是這樣運作的**。它無法辨別「那時候」和「當下」。

我無法刪除這個記憶。其實，這幾年來我愈是想要忘記，記憶卻愈加無法抹滅。當然。我把它烙印在裡頭。如我所說，這台機器沒有刪除鍵。

那麼……你的心智不太可能無法在「過去的資訊」裡爲「當下」的遭遇找到一個配對。你的心智會想盡辦法找到某個東西去和它相比較，因爲你的心智明白，唯有找到某個東西和「當下」作比較，你才活得下去。否則你怎麼知道如何過下去？

但是我們假設它找不到好了。假設現在有一個事物是獨一無二的、不尋常的、自成一類的，任何的昨日經驗皆無可比擬。

別擔心。你的心智會在你的記憶裡搜尋一個由第一層意識底下的資訊組成的「次目錄」，它是在你的分子編碼裡，或者說是你的「潛意識」。這就是你的**細胞記憶**，或者是所謂的**本能**。（「戰或逃」的反應便源自於此。）❶

其實，你的心智會先到這個次目錄來。那是它自我保存的第一個工具，以防你沒有時間思考。當某個外在事件發生的時候，你的初始衝動會本能地產生反應。接著，如果

---

❶「戰或逃」（Fight-or-Flight），心理學家卡能（Walter B.Cannon）的理論：在面對挑戰或威脅的時候，人的大腦會產生生化反應，下丘腦刺激及啟動交感神經系統，分泌出腎上腺素，使心跳加速，瞳孔放大，血液輸送到主要肌肉，身體處於興奮狀態，以準備和該事物作戰或逃跑。

你眞的有時間思考的話（記得我們說過的嗎？過程只有幾秒鐘，甚至只有一瞬間），你可以決定如何**回應**，而不是在不及思考的情況去**反應**。

「回應的時間」是個奢侈品。「反應的時間」只有一剎那。然而當你回應的時候，要知道你並不是回應當下的事物，而是回應你的過去。如果「過去的資訊」裡眞的找不到「當下的資訊」的配對，你就會回復到本能，而它也是「過去的資訊」。它只是不同種類的「過去的資訊」。

你的**本能**把你推向未來。它說，如果你要有未來，那就聽你的過去的話，即使那是你的意識記不得的過去。你的細胞記憶，這個「次目錄」，保存了你所屬的整個物種的歷史。如果你的生物譜系裡有任何人遇到你正見到的資訊，**那個資訊就會立刻出現**。

這是在執行中的「爬蟲類腦」❷。

什麼？

是的。我說「爬蟲類腦」。這一切都和你現在的經驗有直接關係，就在這一天。這個關於「心智的構造」的簡短課程，應該在每個學校裡爲適齡的學生開設，那麼當我們成年以後，才知道我們面對的是什麼，也才能創造我們一直夢想的生活。

然後……我們在第一部的最後一課，要以一段對話去印證。如果你想要休息一下，現在不妨擱下書，讓你的心休息一下。

（呼吸的空間）

如果你準備繼續下去，那就跳到……

最後一課：了不起的大腦

大腦是心智的工具。這個了不起的設備經過了演化的歷程，有若干階段的發展。首先我們有「爬蟲類腦」。然後物種的演化產生了「哺乳類腦」（mammalian brain）。最後，我們演化出「人類腦」。

（在這裡，我要感謝韓國大腦專家李承憲醫師的卓越洞見。）

一隻爬蟲不會作價值判斷。牠也不會從當下抽取資訊，以類似情況的資訊去比對，分析該資訊，看看如何比較，以相關價值的評估爲基礎，去決定如何回應。一隻爬蟲以

❷爬蟲類腦（Reptilian Brain），腦部控制基本知覺和本能直覺反應的部分。

本能去回應一切。牠的資訊是**在細胞裡**，是**遺傳的**。因此，如果刺激是相同的，每次遭遇牠都會做出相同的回應，只有在幾百年的演化以後才會改變。本能的反應是即時的，所有同一個種屬的蛇對於同一個刺激都會有相同的反應。

人類心智的運作也是即時的，但是它在剎那間執行更多的功能，因爲我們的大腦演化出更高層次的功能性。我們的大腦會儲存只屬於我們自己的資料。**地球上**沒有別人有像你一樣的心智。人類儘管同屬一個物種，但對於相同的刺激卻不會有完全相同的反應。

蛇不會有生氣的經驗。你知道嗎？你沒辦法讓蛇「抓狂」。你也沒辦法讓蛇「快樂」。蛇永遠只是一個樣子。一條蛇。牠已經完成了牠的演化旅程，正經驗到「完全的存有」。

人類也在「完全的存有」的旅途中，只是我們還沒有完成我們的旅行。我們還沒有來到演化歷程的終點。

我必須承認這個主題有點爭議性。有些人類學家相信我們已經完成了我們的演化旅程。他們主張說，人類已經演化到終點。

事實上，這樣的主張獲得多數世界頂尖人類學家們的認同。在二〇〇九年三月的《探索雜誌》（*Discover*）裡，有一則封面故事便提到這點，那是由特約編輯麥考麗芙

（Kathleen McAuliffe）撰寫的，她以研究人類自石器時代至今的演化獲得二〇〇九年艾莉莎・派特森新聞協會獎（Alicia Patterson Journalism Fellowship）。「這個觀點如此根深柢固，儼然成爲一個教義。」麥考麗芙如是說。

然而她也說，若干重要的學者並不同意這個觀點。她說，有一群研究者現在認爲，「過去一萬年來人類演化的速度比我們人類歷史的任何時期都要快上一百倍。」

這個說法正好印證了我自己的評論：在我們的地球上，改變正以指數增長。其理由很多，包括我提到的溝通速度加快，而麥考麗芙高瞻遠矚的文章也提出其他假設（〈我們還在演化嗎？〉〔Are We Still Evolving?, March 2009, *Discover*〕）。

我的假設是，人類還在追尋成爲完全的自己。我觀察自己，我也觀察人類，我們似乎還在半路上。或者換句話說，**我們對它所知不及一半**。這個想法可能會讓人很沮喪，或者讓人很振奮，那要看你怎麼看它。（所有生命都是如此。）

以我爲例，我會覺得很興奮。儘管我們人類很了不起，但我們還有一大半的路要走！明天的可能性極目望去無窮無盡，但是……我就別再滿嘴哲學了。回頭解釋我們的大腦吧。

不同於蛇，獅子有「哺乳類腦」，牠可以、也的確經驗到憤怒。（千萬別去證明這個理論，我保證它正確無誤。）但是獅子並不會作以下的判斷。「我的憤怒合理嗎？那是正當的或是錯誤的？那是恰到好處或是過度誇張？我以後也應該那麼憤怒嗎？其他獅子會怎麼想？」獅子不會問這些問題。

人類的大腦則發展到第三層次。一個人會接收資訊，把它和其他資訊作比較，安排各種方法去回應資訊，權衡所有選項，分析每個選項可能的結果，判斷最好的結果，然後告訴身體如何去回應。這一切都在百萬分之一秒裡完成。

很不可思議是嗎？然而即使你腦子裡有這麼了不起的運算設備，你的心智所選擇的回應，**卻可能和當下的片刻無關**。「當下」並不是那麼聰明……

問題在於，許多人沒有學會利用心智的所有能力去回應任何情況，包括考慮**不包含在先前資訊裡的**知識。他們更不會考慮使用**完全相同的機制**，也就是人類的大腦，去**創造**他們所要的處境，而不是忍受他們眼前的處境。

我們貧乏的心智最常做的事，是從我們最近的過去（一生當中）以及遙遠的過去（演化的生命線）找出記憶和低階記憶（sub-memory）。它把這些資訊扔到我們的「當下」，並且自然而然地投射到我們的「未來」。

電光火石般的歷程創造了我們所謂「思考」的能量，並且啓動它。我把這個現象稱爲「情緒運動」（E+motion），或者爲了方便討論，我們就把它叫作**情緒**。

這是宇宙的創造性力量。

我想我得再說一次。

這是宇宙的創造性力量。這也是爲什麼我們很遺憾有那麼多人說他們無法控制情緒。其實，如我所說的，情緒是被選擇的。心智**決定**以某種方式去感受事物。情緒是「意志的行動」。唯有明白這點，我們才能如我所說的……利用情緒去創造我們所要的處境，而不只是對我們所承受的處境作出反應。（我們會在第二部作進一步的討論。）

我們已經詳細探究了如何改變你的情緒。我扼要重述一次：改變那支持情緒的思想。爲此你得先改變那支持思想的眞理。爲此你得在任何事件發生以後，立即利用完全心智的能力。**到你的資料庫以外去搜尋，以創造眞理的基石**。（這也是第二部要討論的。）

我深入考察了「心智的構造」，好讓你眞正明白如何利用它們去超越它們。

你現在更了解研習營裡的那個女士就是這麼做的嗎？她很快就領會了。再者，她也相信以後她可以獨力爲之，而不需要任何助力，因爲她對過去所做的事洞然明白。她覺察到自己始終把她認爲不好的過去傾倒於當下，把她對於父親的回憶投射到當下的一切。

當她省悟到這點，便成了靈性導師歐瑪列所謂的「見證」。研習營的那位女士見證了她在自己心智裡創造了什麼，然後她只是做了一個新的選擇。現在她不再像以前那麼做了。

我所描述的歷程，就是所謂的邁向新思維。我和其他如托勒和歐瑪列這樣的人，我們在這世界的工作，有時候也被稱爲「新思維運動」（New Thought Movement）。那是要**喚醒意識或提昇自覺**，從「想像的眞理」到「顯見的眞理」，創造一個經驗，可以從「扭曲的世界」跳躍到「眼前的現實世界」。

研習營的那位女士明白我不會傷害她，我也不是她父親。她要明白這點，就得更仔細地觀照事物，而不只是接受心智的成見。那也就是俗稱的「重新思考」。

所以，要改變你的思想，你只需要「重新思考」。當你遭逢巨變，恐懼油然而生，很多人或許會對你說：「別想太多。」

但是我要跟你說的剛好相反。

我是個寶貴的事件，
而且並不需要多久。
我們，是個寶貴的事件。
只要我們相信我們擁有——
我們就不需要多久。
浪費了太多時間
面對面地問：「我的名字是什麼？」

如果你還不知道
或者你忘記了，
那麼就停下來，到裡頭去
問它。

你，是一個寶貴的事件：
告訴我們你的名字是什麼。

——艾姆・克萊兒〈寶貴的事件〉（'Precious Occurrence' © 2008 Em Claire）

第十四章

現在，有個改變一生的問題

好了，現在我們明白所謂的改變思想，就只是重新思考而已，就是再想一次，或者是專注當下。

我們何不舉個你現在可能遇到的現實例子，看看這個方法是否管用？

首先，我要以一個圖表去說明「專注當下」的方法，好讓你明白會發生什麼事。我們現在都知道了有三種「實在界」。也就是「扭曲的世界」（你心裡所想的處境）、眼前的現實世界（你眼前看到的），以及究竟的實在界（「如是」的情境、「如是」的原因，以及「如是」的你）。

我們也都知道這三種實在界源自三種眞理的品牌：想像的眞理、顯見的眞理，以及眞實的眞理。

於是我們畫出一張圖表如下：

字體比較小的部分，指的是你對於當下情境的思考「原點」。粗體字則是告訴你那些原點會帶你到什麼地方去。

如果你想改變你現在的生命經驗，那麼你只要把原點沿著金字塔提高即可。那也是盡可能提高你的意識的方法。

由於我不是很清楚你現在遇到了什麼事，我們得假裝一下。假設說你剛剛失去一段關係。我們以這個情境來說明。你不妨以自身實際的處境套用在我們要使用的相同公式上。

好了，我們假設是你的另一半要結束這段關係的。就在那個人走出門外，你的心智開始運作。

首先，你的「人類腦」搜尋所有過去的資訊。每當你覺得被拋棄的時候，它就開始分析。它從那些先前的經驗裡（包括你媽媽把你留在嬰兒床上，走出房間，而你不知道她什麼時候會回來）找出

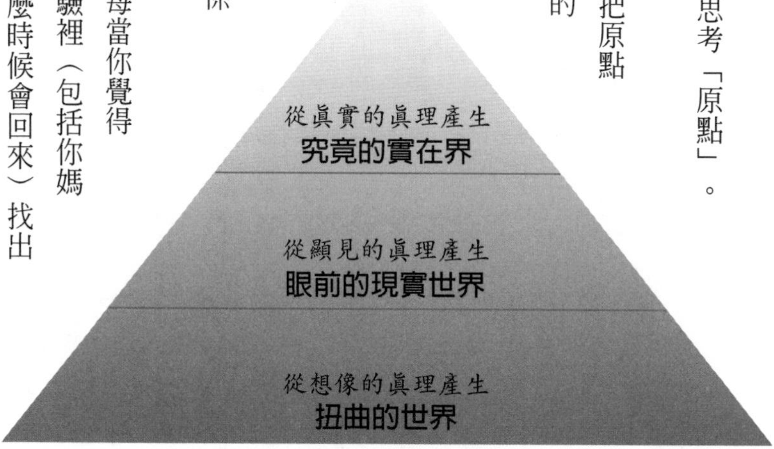
從眞實的眞理產生
究竟的實在界
從顯見的眞理產生
眼前的現實世界
從想像的眞理產生
扭曲的世界

所有資訊，有「經過評斷的資訊」和「事實性的資訊」，並且比較它們。

現在你得知道，你的心智總是注意到「被評斷爲負面的過去資訊」，因爲那是你的自我（也就是此時此地運作的心智）**不想再次經驗到的**。

於是你的大腦審視這個「被評斷爲負面的過去資訊」，把它加到「當下的資訊」裡，混合在一起，孕育一種思想，它會創造一個自以爲對你有好處的情緒。這個情緒就是深沉的悲傷。它使你從「存有的金字塔」掉落，從「眼前的現實世界」掉到「扭曲的世界」。簡言之，你心情很糟。

即使你以前不曾被拒絕或拋棄，但**其他人有過**，你仍然可以基於「被評斷爲負面的過去資訊」去創造思想和情緒。那將只是**其他人**的「被評斷爲負面的過去資訊」，你的種族的細胞記憶，被你的「爬蟲類腦」找了出來。一不小心你就會因此產生一個本能的反應。

現在還有一個可能性，還有一個問題：如果你以前有個經驗很類似你當下的經驗，而且是好的，那該怎麼辦？如果和「當下的資訊」很類似的「經過評斷的過去資訊」是個好的回憶，那該怎麼辦？（「經過評斷的過去資訊」並不都是負面的。你以前的經驗有些也可能被評斷爲正面的。）

如果「經過評斷的過去資訊」告訴你，「**別擔心，你以前也經歷過**。**一切都會沒問**

題的……」那麼你該怎麼辦？那當然會改變你對於當下的變化的經驗，是嗎？那會消除負面的情緒，產生正面的經驗，是嗎？

呃，是有可能啦……如果我們都能夠從「被評斷爲『好的』過去資訊」裡學到什麼的話。但是事情總會有變數。心智或許會找到這個正面的資訊，但是它有可能**忽略了它**，彷彿那件好事從來沒有發生過。

在這意義下，我們也可以說「沒有消息就是好消息」。

你明白了嗎？你聽到了嗎？這很重要，因爲它說明了爲什麼在許多情況下，人們的第一個想法總是「到底哪裡出了錯」，他們注意到的第一件事總是「情況有多麼糟」，他們告訴自己的第一句話總是「眞是討厭」。

如果動向剛好相反，不是很好嗎？如果在許多情況裡，大部分人第一個想到的是「可以怎麼妥善解決」，他們第一個注意到的是「情況有多麼好」，他們告訴自己的第一句話是「正好是個機會」，那不是很好嗎？

有些人總是想不開。他們眼裡的生活荊棘遍布，他們也就不知道生活可以很美好。我九歲的時候，父親告訴我說：「兒子，把你的頭伸出烏雲外。」我的朋友看到我對於可能的挫折滿不在乎，甚至置之不理，他們總是說：「什麼，你瘋了嗎（out of your mind）？」

而我的答案總是：「是的。」

如果你也要如是去體驗生命，你就得「走出你的心智」（OUT……OF……YOUR……MIND）。

至少一會兒。至少支撐到你眞正了解心智的作用和心智的構造，了解如何改變你的眞理、思想、情緒、經驗，以及生活裡的事件所構成的實在界。

那麼，就讓自己「重新思考」你的遭遇。正如托勒所說的，安住於當下，藉此讓你的意識從「想像的眞理」提昇到「顯見的眞理」。

如果你做到了，你會對自己的遭遇有新的結論。我們等著瞧。以我們「假裝的」例子，假如你結束了一段關係，利用這個技巧看看會有什麼結果。

當你專注於你的感覺，你或許會意識到你已經創造了以下「扭曲的世界」：

我被拋棄了……現在我又孑然一身……眞的很不幸……我受了委屈……沒有他我活不下去……我再也快樂不起來……就這樣結束太不公平了……我受了傷，我絕對不會原諒他……

當你「重新思考」，你會考慮一個很不尋常的問題。一個可能改變你的世界的問題。那是一個探究，它可能改變你的思想背後的眞理，因而改變你的思想，因而改變你的情緒。

以下就是改變整個生命的問題：

我所經驗到的實在界有沒有可能不是真的？

這個問題乍看之下似乎沒有根據而且很可笑。你當然知道你自己的感受。你當然知道那是怎麼回事。你想要扭曲當下的經驗，你的心智當然會抗議。睜大你的眼睛到處瞧瞧！它會大叫。你被拋棄了！你又孑然一身了！他走了！走了！你會很難過！你會很悲慘！太可怕了！

但是如果你勇於問這個能改變生命的問題，你的心智終究會不再抗議，而且至少會重新審視這一切。它會「重新思考」。

平靜而沒有任何評斷，以單純的好奇和同情去觀照（正如歐瑪列所說的），這時你的心智會在你的腦袋裡聲嘶力竭地大吼：「喂，別想太多！別想太多！」因爲它**知道你那麼做會有什麼結果**。而你溫和地堅持要再想一想，你要換個角度看一看，在你把你經驗刻在石頭上以前。

你的心智終究會合作的。你可以眞正**訓練**你的心智如何合作。你得像一個教老狗新把戲的主人。你必須成爲**心智的主人**。

如果你對於這個「能改變生命的問題」有什麼問題，可以到www.Changingchange.net和其他人交換想法。

我希望你給自己一個機會去試試，經常上網和別人聯繫，如果你覺得那是不錯的資源。現在，何不讓你自己休息一下。

（呼吸的空間）

將你讀到的東西吸進去，然後決定是否要繼續下去，或是歇息片刻，稍後再來找我。

如果你準備繼續下去，那麼就跳到……

你見證到什麼？

現在讓我們來進行一段對話，好嗎？

看看你正面對的事物。（當然，我們還是用「假裝」的例子，因爲現在我無法直接和你對話。但是在例行的團體視訊對話裡，我們倒是可以聊聊。）

我們來看看「假裝」的例子……但是以新的方式：我們當下只著眼於你所見證到的，而不是你對它的感受。如果你在研習營裡，我會說：「告訴我，這裡發生了什麼事？」

你或許會回答說：「我的伴侶剛離開我。我被拋棄了。我又孤苦無依了。」

我或許會說：「我知道你的伴侶剛離開你。這是你見證到的事。這是眼前的現實世界。但是你被『拋棄』了嗎？你『孤苦無依』嗎？那是你見證到的嗎？或者是你**覆蓋**在你所見證的東西上頭……？」

你或許會回答說：「我不知道你的意思是什麼。我沒有『覆蓋』任何東西。我被拋棄了。那是事實。我又孤苦無依了。就是這麼回事！」

接著對話可能會是這樣……

「眞的嗎？你所謂的『拋棄』是什麼意思？」

「就是拒絕、拋下不管、離去。你認爲它應該是什麼意思？」

「被誰拋棄呢？」

「什麼？」

「拒絕、拋下不管、離去……被誰？」

「被你所愛的人啊！被你的伴侶！被你認爲會和你白頭偕老的人！」

「呃，你剛剛在你的想像裡爲那個語詞創造了一個新的意思。」

「你在說什麼啊？」

「客觀地說，『被拋棄』的字面意思是：被**每個人**……拒絕、拋下不管、離去，也就是字面意義的「孑然一身」。那是你眼前的現實世界嗎？那是你對當下處境的觀察嗎？」

「你在玩文字遊戲。你在玩弄文字好去證明什麼。」

「不，你才是。是你在玩文字遊戲，好對你自己證明什麼。你以充滿情緒而非見證的語詞，去告訴自己某些事情。」

「天啊，眞是敗給你了。」

「不，你是敗給你自己。你把自己輸給了你想像的自我。你擁抱一個想像的眞理。但是不必氣惱。那很正常。只要你願意改變這個經驗，那就夠了。你願意改變這個經驗嗎？」

「我想是吧。」

「你想你是？」

「好啦好啦，我知道我願意。我願意改變我的經驗。」

「很好。現在告訴我，你見證到什麼。你被拋棄了嗎？」

「我的伴侶拋棄了我，是的。」

「很好。還有誰拋棄你？」

沉默片刻。

「請問，你聽到我的問題嗎？」

「我聽到了。」

「很好。那麼還有誰拋棄你？」

「沒有別人。」

「沒有別人？」

「沒有。」

「所以你其實沒有『被拋棄』，沒有絕對的、完全的、澈底的孤苦無依。只是有個人離開了你。」

「是的，但是那就夠了。」

「當然，那就夠讓你難過的了。但是那足夠讓你覺得完全被拋棄嗎？」

「我是這麼覺得。我不能改變我的感受。」

「你當然可以。如果你要的話。你不一定要那麼做，但是如果你要，你當然可以改變你的感受。擁有這個經驗會讓你好受嗎？你快樂嗎？」

「當然不快樂！你看到我很不快樂。」

「呃，如果你不快樂，你爲什麼要不斷給你自己這個經驗呢？」

「我沒有給自己任何東西。它就是這麼回事。」

「好吧，那麼我問你。你孤苦無依嗎？」

沉默片刻。

「不是你說的那個意思。」

「那麼是什麼意思？『孤苦無依』是什麼意思？」

「我是說我不再有生活伴侶了。」

「我知道。但是你孤苦無依嗎？你見證到了什麼？你看到了什麼？你看到你生命裡有任何人嗎？」

「當然。」

「關心你的人？」

「我想還是有些人關心我吧。」

「你想？」

「好啦好啦，有些人關心我。唉唷……」

「所以你沒有『被拋棄』。你沒有『孤苦無依』，是嗎？」

「你在扭曲我的意思。你只是要讓我覺得好過一點。你沒有解決任何問題。你只是在雞蛋裡挑骨頭，好證明你是對的，卻不肯傾聽我的感覺。」

「其實我正在傾聽你的感覺。你是對的，我是想讓你感覺好過一點。但是我沒有騙你。我沒有告訴你什麼似是而非的東西。其實，我正要告訴你眞相。我要讓你改變你對這件事的思考的『原點』。我想讓你從『想像的眞理』提昇到『顯見的眞理』。我給你一個機會，以不同的角度去看事情。你很容易就看得見，你並沒有『被拋棄』，也不是『又孤苦無依』。當然，你的伴侶顯然也不再和你在一起。你把這兩個資訊混爲一談。你看到了嗎？」

（很不情願地說：）「是的。」

「好了。很好。我們就從這裡開始。現在我們要……」

（對話會繼續下去，但是我們就此打住。）

以上這個對話雖然是我虛構的，卻很有力，因爲我其實沒有虛構它。我曾經有過這個「假裝」的經驗。我不只是回憶在退省會和研習營裡和其他人的對話。我也在回憶**我自己的內在對話**。

當我經歷被配偶拋棄的經驗時（我在白天回到家，發現一切都沒了，屋裡空空如也，包括傢俱和我妻子的個人財物……），我也有一模一樣的想法。當時我在想……我被拋棄了……現在我又孑然一身……眞的很慘……我受了委屈……沒有她我活不下去……我再也快樂不起來……就這樣結束太不公平了……我受了傷，我絕對不會原諒她……

自此以後，這些念頭不斷接受時間的考驗。當我擁有它們時，它們似乎很眞實，它們反映了我的內在眞理。但是沒多久，我就發現自己活在「想像的眞理」裡，而不是「顯見的眞理」。我也漸漸看清楚，以上的每一句話都是假象。

每一句話。

你對於當下處境的思考，有因此得到什麼啓發嗎？

我只是夢想一個方法
去愛觸手可及的每個人。
我有了個助手：
你走向我
眼裡有哀痛，
你的微笑裡有悲傷的痕跡。

在這個新的夢裡，我夢想著
擁抱所有的你。
你想知道我的愛是什麼嗎？
那是你的愛。
以及我們所有
玩偶
縮成溫暖的一團。

——艾姆・克萊兒〈玩偶〉（'Puppies' © 2006 Em Claire）

第十五章

第一部的終曲

好了，我們來到對話的重要時刻。我們仔細審視了「心智的構造」，或許比以前都要來得仔細。既然我們明白了一切作用，你就有機會決定是否要去做「九個改變」裡的第二、三、四個改變。

我知道你已經做了第一個改變，你改變了主意，不再「自己一個人去面對」，否則你不會和我在一起。

接下來的三個改變是：

*

第二個改變：改變你對情緒的選擇。

第三個改變：改變你對思想的選擇。

第四個改變：改變你對真理的選擇。

＊

你此刻就可以試試看。你可以利用「心智的構造」，去改變你對於當下生活裡的變化的心態。

現在看看你過去幾天以來的情緒。那是恐懼嗎？那是哀痛嗎？那是挫折嗎？那是擔憂嗎？那是悲傷嗎？那是失望，是幻滅嗎？

拿一張紙，寫下你因爲生活環境的變化而感受到的種種情緒。寫下這個句子：

當事件發生過後……

不，眞的，寫下來。那對你很有幫助。拿一張紙寫下來。用幾個字描述你一直以來的情緒。你或許會寫說，**我一直覺得……很害怕**。你或許會寫說，**我一直覺得……很悲傷**。或是說，**我一直覺得……很生氣**。或者以上皆是。

很好。

現在寫下支持這些情緒的思想。寫下這個句子：

當我沉思過去和現在的種種，我想我……

現在填完整個句子。你或許會寫說，**我想我……再也快樂不起來**。你或許會寫說，**我想我沒有……被公平對待**。或者會寫說，**我想我……有了麻煩，無法輕易脫困**。或是當你沉思生命裡的變化時的任何想法。

很好。

現在，寫下你認為支持那些想法的眞理。寫下這個句子：

關於這個情況，我的眞理是……

現在填完整個句子。你或許會寫，**關於這個情況，我的眞理是……它很傷人……**或是……**它很危險**……或是……**它無法解決**……或者……**它**……

現在看看孕育這個眞理的「經過評斷的過去資訊」。看看你是否可以暫時忘卻「經過評斷的過去資訊」，直接跳到「事實性的過去資訊」。那些情境，就像現在的情境一樣，對於它們不作任何評斷的事實是什麼？你的過去如何**就事論事地**對你訴說那些情境？

假裝你是企業號上的史巴克先生。以邏輯的方式去看「過去的資訊」，不帶任何判斷，你前兩、三次的遭遇是不是眞的？它是否造成有生命危險的傷害，而且無法痊癒？你是否曾經從更糟的情況中復原過？在某些情況下，事情歸根究柢是否好轉了？關於它的「事實性的過去資訊」究竟是什麼？

現在看看……它是否衝擊了你對於當下經驗的眞理。你可以讓它影響到你的眞理嗎？如果可以，你是怎麼做到的？你可以爲剛才發生的事創造一個全新的眞理嗎？

你看到自己正從「想像的眞理」上升到「顯見的眞理」嗎？

這些東西很有用，我的朋友們，眞的很有用。但是現在聽聽你的心智是怎麼告訴你的。它是不是說：「是啦是啦，它對你很有用。對我而言，生活就是這麼辛苦。」你的心智是這麼告訴你的嗎？如果不是，那很好。但是如果它這麼說，那就照歐瑪列的睿智忠告：以好奇和同情的心去觀照它。讓你自己對你的心智所說的話感到好奇，對於你明白的事情感到同情。她請你問自己以下的問題：有什麼方法可以走過去？我究竟是誰？它要我看到什麼？爲了最高善，我必須說什麼、做什麼，或成爲什麼？什麼東西需要我的關注？我生命的下一步是什麼？

「作見證」。溫柔地看著你的心智要往哪裡去，看你的心智在做什麼。不要把自己搞迷糊了。不要責怪自己或罵自己，尤其是不要自暴自棄。你要安住於自身，對你自己感到好奇，問你自己關於自己的問題。更重要的是，在經歷這一切的時候，要愛你自己。

你要安住於自身，專注當下，或許只是傾聽自己的呼吸，或許只是看著房間裡的某個東西。接著，靜靜的，輕輕的，讓你自己做個新的選擇。擁抱一個新的眞理。

對於如何讓你改變一切的這趟驚異探索，我們將以對「心智的構造」的最後一個洞見結束第一部分：

真理是被創造出來的，而不是被發現到的。

神說：「放下鐵鎚。」
那其實是我的聲音，不要搞錯了。
而那也是你的聲音。
所以，「放下鐵鎚。」
把手放在嘴唇上，
或是放在心臟上，輕聲說
「甜美的原諒，」
儘管沒什麼好原諒的。
我們只是試著去愛。
它表現為一切：憤怒、恐懼和各種傷害。

但是我們只是試著去愛。

沒什麼好原諒的
除了，再次舉起鐵鎚……

——艾姆・克萊兒〈放下鐵鎚〉（'Lay the Hammer Down' © 2007 Em Claire）

第二部　靈魂的系統

明白了它，可以幫助你在生命裡創造改變，而不是忍受它們

第十六章 一切事物的答案

現在我們要出發到我認爲這本書最動人的部分，比任何其他的書都動人。

我說「任何其他的書」嗎？是的，我是這麼說的。因爲我認爲，接下來你即將要看到的資訊，遠比其他書的資訊要來得更不可或缺、更關鍵、更重要、更激勵人心，也和你一直嚮往的體驗生命的能力更息息相關。

我希望你在書裡各處做筆記。我希望每一頁都有摺角、都被翻爛。如果你是讀電子書，我希望你可以在每一行、每一個段落做記號，它們正以你靈魂自己的聲音對你大聲吶喊：**這就是你來這裡所要聽的**。

現在我要告訴你靈魂的系統。

心智的構造就只是一個構造，我稱之爲「你的經驗的引擎」，它是個組合和互動的裝置。而現在我們要檢視的是燃料。那是引擎的動力來源。當我們完成第二部分的探索，你就可以在一切都改變時去改變一切。

在瞬息萬變的世界裡，在剎那無常的人生裡，明白你如何體驗變化，以及為什麼那麼做，是很重要的事，如此你才能如願地改變你對變化的經驗。

我們很難眼看著失敗、不幸、災難的發生，卻依然能夠保持平靜。不過還是做得到的，就在這裡，你和我，我們要看看如何做到。

在開始探究靈魂的系統以前，我們得說，你有個靈魂。那不是所有人都「擁有」的。有人相信人類只是生命的一個個殊形態，裡頭並沒有什麼「靈」。我們以下的討論則預設以上的說法是錯的。我們更預設存在著一個「超靈」（Oversoul），或者有人說是神。

這些假設並不是基於盲目的信仰。它們是以觀察、邏輯，以及兩者的推論為基礎。我們隨便看看宇宙，就知道有能量存在。能量似乎存在於每個生命的核心，甚至在一切事物裡，無論是否有生命。

就以石頭為例。

石頭似乎是無生命的，通常不會被歸類為生命體。但是如果你把生命定義為依照精確且沒有瑕疵的設計（似乎暗示其核心有某種**知性**的層次）去**運動**的東西，而顯然是更大更優雅的系統的一部分，那麼石頭就可以說充滿生命，因為在高倍放大鏡下仔細觀察石頭，就會看到一個微觀宇宙，幾乎是巨觀宇宙的翻版。

科學家們並未忽略這一點，而你也不應該忽略了顯微鏡和放大鏡所看到的同一個東西：粒子或是許多能量「球」的**系統**，圍繞著一個核心或原子核高速旋轉，整個構造都由一個看不見卻顯然周遍一切的力量凝聚在一起。

換句話說，當你深入一顆石頭（或任何東西）的次分子結構，你會看到一個小「宇宙」。你也會看到**有某物在驅動那個宇宙**。這個「某物」是看不見的。我們看得見它的**作用**，卻無法以肉眼看到創造那些作用的能量本身。

這意味著能量不存在嗎？並不是。

眼見可及的東西並不就是一切存在的事物。

現在我要告訴你，我們決定稱為「靈魂」的東西是看不見的：那是讓萬物運動且賦與它們生命的一個能量系統。那也是我們決定要稱為「神」的東西。其實，神就是**系統本身**。

神是系統最大的開顯，該系統會複製自己更小的翻版，經由一個歷程，讓系統本身存在且擴張。

這就是靈魂的系統，它是沒有瑕疵的。它的功能完美，設計優雅，目的明確。它的力量也恆常不變。

系統必然如此，否則它就會瓦解，也就是說，它會停止整合，因而不再存在。

這意味著神就是一切；生命在一切裡頭。而這是真實不妄的。在靈魂的層次上，我們看到這點。這就是爲什麼我們把無生命的物體給人格化。我們爲我們的船命名，並且愛上它們。當我們的車子無法發動時，我們會拍拍它說：「嘿，寶貝，你做得到的。」**然後車子就發動了**。

媽媽決定重新裝潢起居室並且添購傢俱，爸爸說：「可以，但是我的椅子要留著。」我們在閣樓的老箱子裡找到嬰兒的毯子，把它貼在臉上，淚眼婆娑，感謝它曾經給了我們舒適和愛。**我們感謝毯子**。

你以爲靈魂不知道生命的能量遍在一切嗎？

我告訴你，沒有任何東西是死寂而沒有生命的，而**靈魂知道這點**。**靈魂在一切裡頭看到它自己**。它知道我們和所有生命皆爲一體。當心智要我們別理會這些，靈魂悲傷地看著我們。你知道的，心智只以「過去的資訊」去下結論。然而靈魂會超越「過去的資訊」，到一個連時間都不存在的地方。靈魂知道「眞實的眞理」，而心智只停留在「顯見的眞理」。

除非心智不再停留。

而靈魂也鼓勵心智那麼做。它鼓勵心智不要停留在事物的表相。它輕聲呼喚：「別停在那裡。」**跟我來，到一個你作夢也沒有想到它存在的地方**。

令人莞爾的是，你可能會說……但它爲什麼和我的生活有關？它和已經發生的變化有什麼關係？和我怎麼面對改變又有什麼關係？

啊，是沒錯，那些……

（呼！）現在是喘口氣的時候了嗎？很好。我們都休息片刻。

（呼吸的空間）

我們稍微思考一下這一切的蘊含，它們眞的和你的生活有關，和已經發生的變化，以及你如何面對它們有關。接著……

當你準備好了，就跳到……

關於變化的驚人真理

我想，我和你的這整場對話，到頭來會有兩句話你很想逐字背下來。我是說，真正**記住**它們。記住以後，就**不要忘記**。刺青在你左腕上，用肥皂寫在浴室的鏡子上，或是寫張字條用磁鐵貼在冰箱門上。

這兩句話是典範的轉移，也將會改變生命。我稱它們爲：

一、改變生命的問題。

二、一切事物的答案。

「改變生命的問題」是我們關於「心智的構造」的探究終點。你還記得那個問題嗎？

我所經驗到的實在界有沒有可能不是真的？

那是靈魂鼓勵我們去問的問題。

接著則是「一切事物的答案」。它會讓你對於改變不再有任何負面經驗。那是最後一塊拼圖。是最後的鑰匙，未知的組合密碼，祕密中的祕密。如果說「改變生命的問題」是第一部的總結，那麼「一切事物的答案」就是第二部的開端：

所有改變都是變得更好。沒有變得更壞的改變。

我所說的能量系統和你以及你的生活的關係就在這裡。你的靈魂和已經發生的改變（以及未來的改變）的關係也在這裡。

生命替我對你說：
沒有任何東西需要修補；
一切都渴望
一個禮讚。
你注定要彎腰
如此你會看到
在你腳邊的許多奇蹟。
你注定要伸展
如此你才會發現，
你自己如天國般的美麗的臉
就在你認為你必須肩負的一切
之上。
當我求告神和我說話，
我和你一樣，覺得自己很渺小而孤單。
但是就在這時候，不知道為什麼，
我開始
大放異彩。

——艾姆・克萊兒〈大放異彩〉（'Shine' © 2007 Em Claire）

第十七章

第五個改變

我剛才告訴你的，就已經改變了一切。再也不需要其他訊息，也不需要其他資料。心智被鼓勵對生命重新下結論。

我在對話的一開始就提到「可以改變一切的九個改變」，但是其實你只需要

＊

第五個改變：

改變你對於變化本身的想法。

＊

我們始終認爲改變是個瓦解，是個斷流，是個轉向，是生活裡的條件或環境的變質。尤其是談到我們不想看到的改變時，這一直是我們的眞理。由此眞理孕育出我們的思想，這個思想則創造了我們的情緒，由情緒產生了經驗，最後變成了我們的實在界。

我要你思考一下我所說的話。**事件**（event）創造了我們的實在界。就字面的意義而言，我們的實在界是**被事件化的**（event-uated）。

在我們走出我們的心智以前，它一直爲眞。當我們離開了心智，踏入靈魂的國度，創造實在界的，就不再是事件，而是純粹意識。

由意識孕育了「眞實的眞理」，而由事件最多只是產生了「顯見的眞理」，更多的情況則是「想像的眞理」，而經由純粹意識，我們終於走進了「究竟的實在界」。

我們到底意識到什麼，可以在我們所有的經驗裡產生量子跳躍？我們意識到「關於變化本身的眞實的眞理」。我們看到改變不是一個瓦解（DIS-ruption），而是一個「迸發」（E-ruption）。它是生命更完全的綻放。我們看到改變不是一個斷流，它本身就是河流。我們看到改變不是一個轉向，它本身就是所有生命的歸向。我們看到改變不是生活條件或環境的變質，它本身就是我們生活的條件和環境。

我們以更開闊的意識觀察到，如果沒有改變，生命本身就不會存在，因爲**根據定義**，生命是運動，而運動就是改變。

因此，問題不在於生命是否將會包含改變，而在於生命會包含什麼樣的改變。

而那個問題的答案則端視你如何利用心智的構造，以及你是否讓它們融入「靈魂的系統」，把它們視爲同一個「更大的工具」的兩個把手。

我們檢視了「心智的構造」，現在就來檢視「靈魂的系統」，從我們以前開始的地方開始……也就是定義靈魂本身。

靈魂是能量。它是生命的能量本身，推動生命本身。生命經由它自身的歷程，爲生命本身賦與能量和生命。它是一個自給自足的**系統**。

最後幾個字非常重要，必須牢記。生命是個自給自足的系統。它從不止息，永遠自給自足。它是怎麼做到的呢？經由**適應**。爲什麼？如此才好讓它永保**功能正常**。當它再也無法以某個功能存在，它便會適應。經由適應，它得以自我保存。

生命無時無刻都在適應。它總是在改變。問題不在於生命是否總是在改變，而在於爲什麼改變。生命總是在改變，才能持續存在。所以說，每個改變都是**變得更好**。

我要你接受的關於改變的新觀念，放在個人的層次上，就成了：

所有的改變都是爲了你好。

我們大部分的人都經驗過這一點——在事後。我們大部分的人都經驗過我們所謂生命的坎陷，但是當時間過去了以後，我們卻會明白，那是**我們遭遇過最好的事**。

其實我們面對的一切事物都是如此，但是我們卻不知道，也不能接受，因爲**根據我們的定義**，有些事總是每況愈下。但是我們的定義被心智的構造及其先天限制給扭曲和制約了。

心智或許知道發生了什麼事，但是它不知道**爲什麼**。心智或許可以儲存生活所有的過去資訊，但是它沒有儲存生活的所有知識（那是完全不同的東西）。心智或許包含了知識，但是它卻沒有包含智慧。

智慧是在心智之外，它住在靈魂裡。

這就是爲什麼我們要握住這個創造的偉大工具的兩個把手，這個工具我給它一個名字：「你」。

我要強調，「事實」和「意識」是兩回事。我們可以知道關於重力的所有事實，但是如果我們沒有意識到重力爲什麼會起作用，**我們對它便一無所知**。我們可以知道關於電的所有事實，甚至可以利用電，但是如果我們沒有意識到電是什麼，它爲什麼會起作用，**我們對它便一無所知**。我們可以知道關於光的所有事實，甚至可以利用光，但是如果我們沒有意識到光是什麼，它爲什麼會起作用，**我們對它便一無所知**。

同樣的，我們知道關於改變的所有事實，但是如果我們沒有意識到改變是什麼，以及它爲什麼會發生，**我們對它便一無所知**。

例如，我們或許不知道……

沒有任何事物會變得更壞，一切只會變得更好。

這是大哉言，我知道你很難相信。然而它是眞的。我們且放下這個龐大的觀念，到物理學裡找一點根據。是的，我說物理學。

我一直說心智是個機制。現在我要說生命也是。所有生命都是一個機制，就像所有機制一樣，生命也需要能量才能運作。但是不同於其他機制，生命本身就是生命運作所需的能量。也就是說，它自給自足。

所以說，恆星內爆，整個恆星系統都消失在黑洞裡；地震、龍捲風和颶風蹂躪地球；大魚吃小魚；人類誕生，過他們的生活，然後死去，塵歸塵，土歸土。但是他們的能量卻不會消失，而只是改變形式而已。能量絕對不會不見；它只會轉變。

經由能量的轉變，產生了光。經由能量的轉變，產生了熱。經由能量的轉變，產生了電。經由能量的轉變，產生了重力。經由能量的轉變，產生了**萬物**，包括「生命」本身。

能量對它自身起作用。能量的轉變在形成中創造能量。能量就是**生命的形成**。生命總是在形成當中。生命總是把自己形成爲它以前所沒有的形態。經由這個生成，生命把生命吸進「生命」自身。簡單地說，那就是變化。

是的，我們又回到這個詞：**變化**。

這就是生命。生命以生命本身的歷程滋養生命，在一轉瞬間，生命改變了它的形式一億次。在一秒鐘裡改變了一兆次，其次數非時間本身所能計數。

在我們所謂生命的能量裡，並沒有「變得更壞」這種事。那是因爲生命本身基本上只能朝一個方向改變它自己：演化所需要的方向；開展所需要的方向；持續繁茂所需要的方向。一切只會變得更好，一切只會好轉，因爲「好轉」是**神的唯一本性**。

換言之，神不會想要毀滅他自己。

生命神對自己證明自己的方法。他證明自己的歷程就叫作「好轉」。

等一等。誰說有個「神」的？

我說的。但是我所說的「神」不同於其他人。我不是指住在宇宙某處的「至高存有者」，和人類一樣，有許多習性、傾向、需求和欲望、挫折和情緒。我說的不是一個「神性存有者」，有許多必須滿足的需要，或許有脾氣（或至少是決定要處罰不服從的人），或許有陽具，或許有白皮膚，或許沒有太太，但是有一個兒子。

這不是我說的「神」。

我說的是「至高睿智的源泉」，自我開顯爲純粹能量，或者如我說的「生命」本身。我說的是一**個系統最大的開顯，該系統會複製自己更小的翻版，經由一個歷程，讓系統本身存在且開展**。我說的是最大的、未分化的幹細胞，所有形式的幹細胞都由此而生。

的確，我所理解和經驗到的「神」和「生命」這兩個詞是可以互換的，在這個等式裡，演化是個常數。它是生命本身永遠有效的指令。它是萬物持續不斷的調整、適應和變化。沒有任何調整、適應和變化會讓生命**收縮**，它們只會讓生命開展。調整、適應和變化不會讓生命**減少**，它們只會**提昇**生命。

生命不斷地往更高層次的複雜性演化。生命不能隨意地**退化**。它做不到。

生命的確可能**看起來**是在退化。改變也可能**看起來**沒有「變得更好」。但是其實改變只能變得更好，否則它就不會發生。所有靈性導師都知道這點。這就是所有靈性導師以他們自己的方式所要教導的……

不要以表相去判斷。

生命永遠是具有功能的、能適應的、能持存的。這些是生命的基本原則，它們不能被侵犯或者失能，否則生命就會停止存在。

當我以「神」一詞去取代「生命」，人們就更容易理解了。突然間，一切皆洞然明白。神永恆是具有功能的，能適應的，能持存的。這些是神的基本原則，它們不能被侵犯或者失能，否則神就會停止存在。

當人類接受了此處所說的匪夷所思的觀念，就可以如實地觀照改變的歷程：它是神性自身的終極表現，經由適應讓自己持存，因而也讓他自己永遠偉大。

改變是生命意欲持續下去的一個宣言，改變是生命自身的根本衝動。

我要告訴你，我不認爲有多少人看到這點。如果他們是這麼看事情的，他們就會聽耶穌的話，而不會「膽怯」。然而「你們這小信的人」就是會膽怯❶。羅斯福（Franklin Roosevelt）也說：「除了恐懼本身，我們沒什麼好害怕的。」

我要進一步說……

除了改變本身，我們沒有什麼要改變的。

❶《馬太福音》8:26。

今天我比神更安靜地醒來
把我的自我向穹蒼伸展
以神的身體
摩娑天體。

一整夜
太陽都在等待我的眼睛。
現在它們正凝視著她
她升起，和每個仙女一樣神聖
每個繆思
神的每個身體。

就連海洋也在輕擺搖曳
溫柔地等候我的醒來
就連月亮
天空
寂靜
就連寂靜也在等候我的聲音的甦醒
它會輕吻聲音的身體
還在神的身體裡頭的聲音。

——艾姆・克萊兒〈神的身體〉（'The Body of God' © 2009 Em Claire）

第十八章

第六個改變

我希望你已經仔細思考過第五個改變，有了你剛領受到的知識和洞見，你覺得你可以一路接受第一、第二、第三、第四個改變。

我要說的是，如果在這九個改變裡，有個改變可以一言以蔽之的話，那應該是第五個改變。它可以在變化產生時，改變你對變化的經驗方式。這不就是你想要做的改變嗎？

它當然是。在面對如你現在正經驗到的時刻，我們都想做這樣的改變。

我知道你想改變事物的方式，是要去改變事物改變的這個事實！彷彿唯有改變**已經發生的事**，你才會重拾快樂。

但事實上是：那不會讓你快樂。

如果讓事物保持原狀會讓它們快樂的話，那麼已經發生的事就不會發生了。

你或許可以在改變發生以後，以另一個改變讓事物恢復原狀，但是它們畢竟不會完全一樣，而你也不會想要這樣。要記住：你無法改變已經改變的事，因爲那已經過去了，但是你可以改變未來，那是你的力量所在。

你的決定會是：我要改變未來，好去複製我的過去嗎？或者我要澈底改變未來，讓它和我的過去**完全不同**呢？

在仔細思考以前，你得先明白，改變是不會憑空發生的。宇宙裡的任何改變都有其理由。改變不是隨機的行動。**改變是宣告有些事情行不通了**。

你的生命裡之所以會有改變，是因爲眼前有不和諧。有了不和諧，生命就會有功能障礙，而這樣的情況牴觸了生命的第一個基本原則（生命是具有功能的，能適應的，能持續的），也會牴觸第二個原則。

好了，或許現在你會說，「如果一切都會變得更好……我是說，如果那是真的……那麼得有人告訴我神到底在想什麼，因爲**對我而言，事情看起來並沒有更好**。」

我在全球衛星頻道「web casts」的「改變一切研習營」以及兩年一次的退省會裡，會聽到一堆這樣的話。這就讓我們推進到……

✲

第六個改變：

改變你對為什麼會發生變化的想法。

✲

即使你相信所有改變都是爲了變得更好，你還是不明白新的環境、處境或條件爲什麼是更好的。你不明白「改善」的本質。那是因爲「改善」或許和外在條件無關，而是和內在條件有關。你沒有看到爲什麼會發生改變，以及孰令致之。當你明白了，也接受它爲你的生命眞理，那麼你的日常經驗將會再度……**改變**。

以下就是眞實的眞理。你準備好了嗎？

它可能會難以接受，所以，吸一口氣。好了……

改變之所以會發生，是因為你要它發生。

任何事物都是根據你的方向去改變。

哇，那可能嗎？你爲什麼會要那些事情發生呢？**心智正常的人不會選擇那樣！**

你說這話時是頭腦清醒的嗎？

呃，你是對的。心智正常的人不會選擇這種事。心智不會做此選擇。那是靈魂的決定。

那就是靈魂的計畫。我們都相信你有個靈魂，是嗎？現在我們得瞧瞧**爲什麼**。你爲什麼有個靈魂？它的目的是什麼？它的功能是什麼？當你了解這些（或是剛剛回想起來），你就會明白你爲什麼會選擇你剛剛選擇的改變。

你的靈魂計畫和生命本身更大的能量安詳地匯流。生命的能量總是朝著綜效、和諧、燦爛的表現和開展前進。它追尋一個圓滿的自身經驗。

如果要我以自己的話去理解它，我會說，生命的能量總是朝著我所謂「愛」的方向前進。對自我的愛，對他人的愛，對生命的愛。

你個人的能量也是朝著相同的方向前進。你的靈魂和「宇宙的靈魂」都在渴望、追尋和創造相同的東西。因爲你的**心智**橫阻前方，所以似乎它沒有在創造什麼，所以有不幸的事情發生，所以你走錯了方向。

我要以基督教的教義爲例，證明我所說的。新約聖經告訴我們說，耶穌和門徒來到一個地方，名叫客西馬尼，他要門徒坐在那裡，等他去那邊獨自禱告。他獨自一人，心裡甚是憂傷，幾乎要死。他知道將會發生什麼事。他對神呼喊：「我父啊，倘若可行，求你叫這杯離開我……」[1]

耶穌的心智在此出面干涉，他想要改變事物將要走的方向。但是他立即情緒激動，以意志的力量說：「然而不要照我的意思，只要照你的意思。」說完了這些話，他的靈魂再度和宇宙的靈魂合而為一，或者你會說是與神合而為一。

世上只有「一個靈魂」，但是有許多不同的表現。那「一個靈魂」追尋綜效、和諧、燦爛的表現和開展。換個方式說，各種形式的生命也和生命本身一樣，在追尋相同的東西。它怎麼可以有不同的方式呢？

然而靈魂和心智是兩個不同的東西。你所接受的「生命形式」裡，既有靈魂也有心智（以及身體），它便以此三位一體的全體性為工具，做你來到這裡（物質世界）所要做的事。

心智的工作是確保身體（你的物質工具）安全，好讓你做你來到這裡所要做的事。靈魂的工作是確保心智總是知道你來這裡要做什麼，而不要沉迷在自己的虛構世界裡。

那就像是沉迷在網路的虛擬世界裡一樣。我想你知道網路上有許多世界，你可以到

[1]《馬太福音》8:26。

裡面去，取得一個身分，然後有一個完整的「生活」——成長、找到愛、創造一番事業、買房子、有個家、經驗到成功、致富（或許沒有）……在這些虛擬實在界裡，你可以創造整個生命經驗，和他人互動，完成法律協議，繁瑣且複雜。**但是那都不是眞的**。它們不曾眞正發生在你身上。它們只發生於你在虛構世界裡創造的「你」身上。

對你的靈魂而言，世上的物質生命也是相同的東西。訣竅在於不要「迷失」在心智的虛構世界裡，而要利用你的身體和心智去做你的靈魂來這裡要做的事。

我們都正在這麼做，只是有人是有意識的，有人則是不知不覺的。也就是說，**他們不知道自己在做什麼**。

我知道那聽起來有些河漢斯言，或許現在可以休息一下，只是和我們所說的話「共處」。不要去判斷或評價它。只是安住其中，隨順自然：那只是一個觀念，一個個人的概念；要讓你思考的東西。好嗎？那麼，現在你要休息一下？

（呼吸的空間）

當你準備好了，就接著這一章到……

一個平衡的問題

耶穌在客西馬尼花園裡的經歷，也是我們每個人的經歷。我很高興這個故事正是因爲如此才會在聖經裡頭。它帶給我們一個希望，因爲我們知道就連耶穌也必須面對他的心智和靈魂的平衡問題，而那是他完全體驗自我的歷程的一部分。

這就是我們在對話裡所要說的。我要幫助你看到生命不完全是你所想的那樣，事物的發生都有一個**理由**，你不是那個理由的**受害者**，相反的，**你是那件事的原因**。

除非你清楚理解了你的眞正身分，眞正的你，和你爲什麼以身體形式來到這世界，以及生命本身是怎麼一回事，否則你很難接受這個觀念。

如果沒有這個理解，生命的一切就會沒有什麼道理。明白了它，一切生命都有了意義。當它對你是有意義的，你就再也不會有在你生命裡習以爲常的痛苦和挫折。改變可能會從四面八方而來（它們眞的會），它們不會讓你陷於混亂，或是讓你憤怒或悲傷。你將必須改變經驗改變本身的方式，因爲你會了解關於變化的一切。

所有改變都只會變得更好。改變之所以發生，是因爲你要它發生。

心智拒絕這些觀念，而靈魂正大聲疾呼。這是因爲靈魂知道心智所無法領會的東西。這是因爲心智來自「過去的資訊」，而靈魂則是來自「當下」（EverMoment）。

「當下」就是我所謂的「現在」時刻。那是唯一的時刻。除了「當下」以外，沒有其他時刻，雖然我們總是幻想有其他時刻。我們爲了一個理由而創造了幻想。

心智把「當下」打碎成關於生命的片段知識，稱爲「資訊」。它把這些資訊分門別類（因爲這就是它的工作）。你的心智從它所經驗到的「現在」取得資訊，根據某些判準，把它們存在記憶體裡。這非常有效而且有效率——除了一件事，你的心智對於「現在」的觀點太狹隘了，而只能管窺蠡測。**這是天性使然**。如果你的心智一次取得所有資訊，並且試著要一次**處理**它們，你會摸不著頭緒。那是因爲太多資訊比沒有資訊要來得更糟。（如果你到餐廳裡去，看到菜單上有一〇一項餐點，你就可以體會我的意思了。）

爲了思索「當下」的資訊並且善用它（假設那是你在這裡的目的），我們必須一次只思考一個資訊。

儘管它很快就可以完成，還是要依序去做。一樣一樣來。就算這樣，可能也沒辦法思考所有資訊，但是有些資訊必須被分開來，才能就其本身去思考每個資訊。這也就是爲什麼心智主動要採取一個有限的視野。

在你的生活裡，你也常這麼做。當你覺得「應付不來」的時候，你可能會對周遭的事物很生氣地說：「等一等，等一等，一樣一樣來！」你的心智自動這麼做。它的視野無法思考「整體」，而只能思考「整體」的一部分。這也是天性使然。

如我所說的，你的心智是個很神奇的機制，而你必須正確理解它的運作，好讓它爲你做事，而不是給你添麻煩。

那麼……儘管你的心智視野很有限，但那不表示你也是那樣。如果你就是你的心智，那麼就沒話說。但是**你不只如此**。而這就是我現在來到你生命裡的關鍵。

你**不只是**你的心智。你還是一個靈魂。的確，這是你更大的一部分。我不是要指責你量小器淺（哈哈），其實，你的心智只是你個體化的「大我」其中最小的面向。它的視野眞的非常非常有限。你很快就會明白這個侷限性對你的影響。

另一方面，靈魂並不受限於它的視野。它知道一切，看見一切，明白一切，擁有作爲生命體的你想要擁有的一切。它擁有這一切，因爲它就是這一切。它擁有愛，因爲它就是愛。它擁有綜效，因爲它就是綜效。它有燦爛的表現，因爲它就是燦爛的表現。它擁有這一切，而且不只這一切。只有一個東西是它所沒有的。它沒有關於它們的**經驗**。

那是你的其他部分的作用。

於是我們講到重點了。我們來到「靈魂的系統」及其運作方式。

靈魂以「綜效的能量交換系統」爲基礎在運作。所有生命都是以該系統爲基礎運作的，也是由它創造出來的。當能量轉移，它就變形。它成爲形成中的能量。能量的知識被心智打碎爲片段的資訊。

在這次對話裡，我創造了一個詞叫作「當下」，因爲我需要一個比「現在」含義更廣的詞。「當下」不只是心智所謂的「現在」。「當下」包含了**靈魂**所稱的「現在」，它包含心智所謂的「昨日、今日、明日」。

心智可以蒐集我們「今天」看到的資訊。它可以很快回憶起儲存在「昨天」的所有資訊。但是心智無法蒐集關於它所謂「明天」的資訊。如果它可以，它就會看到，「昨日、今日、明日」其實是「總是」（Always）。心智無法把「未來」視爲「現在」的一部分，因此我們說它的視野非常有限。

經由「靈魂的系統」，被稱爲「你」的「神性」的個體化面向，才能從「顯見的眞理」（基於心智的有限視野）暫時回到「眞實的眞理」，雖然無法解決心智的問題，卻可以給與心智更開闊的視野。

我們都有「靈光一現」的時刻，整個意識的疾馳，窺見「全體」。在那個瞬間，面紗被揭開，我們輕易地從「顯見的眞理」過渡到「眞實的眞理」。如此的「即時透明化」，是要讓心智明白外頭有比它所意識到的**更多的資訊**；關於生命未知而且沒有經驗過的知識。

其實它不是未知或沒有經驗過，而只是被遺忘了。靈魂的功能就是讓你回想起所有你已經知道的東西，但是不會太多或太快，否則它會「讓你昏頭轉向」（blow your mind）。那一點好處都沒有，因爲你需要靈魂和心智，才能過你想要的生活。

靈魂讓你想起一點點這輩子不曾經驗過（因此不在你的記憶裡）的「眞實的眞理」，當你有任何無法理解或品嘗的經驗時，它可以給你幫助。它讓你得以從「扭曲的世界」提昇到「眼前的現實世界」，並且繼續上升到「究竟的實在界」。

你應該知道，即使是「眼前的現實世界」，也是很美妙的地方。大部分的人都不常去到那裡，只有少數人能夠安住在那裡。安住在「眼前的現實世界」是一個很高的存有境界。在那個境界裡，我們沒有顚倒夢想，以人的觀點如實觀照它們。在許多時候，這就足以讓我們沒有恐懼。

從「想像的世界」到「眼前的現實世界」，是人的一大步。而從「眼前的現實世界」到「究竟的實在界」卻只是一小步。當你的意識安住於「究竟的實在界」，你的心智的有限視野便會讓人難以置信地（beyond belief）開闊起來。

我說的是字面的意思。它超越了你現在的信念，開展到一個不再需要信念的地方，在那裡，信念被「絕對的知」給取代了。問題在於，當你面對生命的目的，你可以堅持這個觀點且運用它多久。那些做得到的人，是「活在這世界，卻不屬於它」的人。我們說他們是大師。我們說他們是神的化身。我們想要遵循他們的典範。然而到現在我們還不知道他們在做什麼，更不知道他們是如何做到的。這就是我們對話的重點。

你知道現在一切會變不同。
不是六月白雪皚皚的群山。
不是早霜或晚霜。
那種不同
讓靈魂生銹。
它讓一個純真者身上撒滿
神所有新的顏色。

一旦你完全看到
而且被完全看到
你知道
一切不再像從前那樣。
你自己的映像
是每個基督、每個女神、每個佛，以及婆羅門——
簡單的說：每個人的心。

——艾姆・克萊兒〈現在一切會變不同〉（'Things Will Be Different Now' © 2008 Em Claire）

第十九章

靈魂的永恆旅程

爲了讓你改變對於爲什麼會發生變化的想法，關於你是誰、你是什麼、你在哪裡、你爲什麼在這裡，以及你在這裡想要做些什麼，這些想法都得有所改變。

我們在這場對話裡談到若干想法。它們是我所謂的「生命的四個基本問題」。大部分的人不曾問過自己這些問題，更別說回答它們了。如果你要有個快樂而滿全的生活，你就得回答它們，因爲這些問題的答案可以完全轉變你的觀點。

你也必須明白，這些問題並沒有任何「正確」答案。也就是說，無論答案是什麼，它們的回應都是「對的」。當一個世界裡的實在界是被創造的而不是被觀察到的，在定義上**每個人都是對的**。

我在這裡提到了許多重要的事。我可以稍加回顧且闡述一番嗎？

我說，如果人們想要過有意義的生活，他們就得問自己四個基本問題。我說，無論答案是什麼，他們的生活都會因此更有意義。我也說，那是因為實在界是被創造出來的，而不是被觀察到的。最後我說，關於任何事物，每個人都是對的。

這些話都和一件事有關：觀點。如果要在一切都改變時去改變一切，觀點正是關鍵所在。

我想這是這本書最重要的訊息。的確，它可能是唯一的訊息。其實，我們整個對話可以化約爲以下一句話：

觀點是一切。

如果這是眞的，那麼假如我們想要改變我們在生活裡經驗變化的一切方式，首要的問題就成了：**我們如何創造且改變我們的觀點？**這本書試著回答這個問題，首先是探索「心智的構造」，現在則是深入觀察「靈魂的系統」，以及**靈魂揚帆的旅程**。

長久以來，靈魂和心智的問題都被區隔開來看。許多人覺得我們的物質實在世界和心靈實在世界是兩回事，有點像個人版的教會和國家的分立。然而在瞬息萬變的世界裡，我們再也無法如此片段地處理生命。

我先前曾說：當一切都改變，那就改變一切。我也說過，如果我們要度過快速變化的未來，就必須改變我們經驗變化本身的方式。

現在我要說，職是之故，我們必須以整全的進路去體會我們的生活。也就是說，我們必須理解（並且**起而行之**），對於當下的生命表現而言，靈魂的活力、洞見和經驗，以及心智的活力、洞見和經驗，是一樣重要的；靈魂和心智不是涇渭分明，而是共同構成我所謂「全體存有或即你」（Total Being That Is You），我們之所以不曾經驗到它，唯一的理由就在於**我們對它一無所知**。無論在我們年輕的時候或是以後的日子，都沒有人花時間告訴我們那是怎麼回事。

等一下。那是很澈底的控訴，事實並非如此。許多人曾經對人們解釋過生命的複雜關係。是我（或許你也是）沒有花時間去傾聽。然而現在我們都在傾聽，因爲生命的事件要求我們這麼做。我們生存的日常環境驅使我們去尋找可以讓生命功能更彰顯、更歡悅、更有價值、更有意義的答案和進路。如是我們找到當代的一個新答案。我看到了，你也看到了，它在這裡歡迎我們。它很高興我們來到這裡。

或許我該告訴你我如何來到這裡，得到這個知識，好讓你在更大的脈絡底下去思考我和你分享的東西。

也許你知道我寫了一系列以《與神對話》爲題的作品，那些內容都是基於我的經驗，我自一個**在我的心智以外**的來源所得到的**資訊**。

我把這個來源稱為「神」，因為我相信有個神，當「她」和我們溝通，「他」是以許多方式為之，其中包括直接對話、啓發、解釋和默示。

我的經驗很不可思議，於是我寫了三本書。此後我發現我停不下來，因為「經過」我心裡的流動不曾止息，而我不想把那一切藏在心裡。於是我又寫了六本書。九部作品裡有六部曾躍上《紐約時報》的暢銷排行榜，第一部甚至盤踞了一百三十五週。

我不是在自我吹噓，我只是要和你分享，好讓你知道有將近八百萬人以三十七種語言看到這個東西，這意味著有許多人願意以不同的方式去建構生命的概念，以不同的方式去體驗、表現和創造他們當下的實在界。你瞧，《與神對話》並不是要人們接受**我的**眞理，而是要讓他們接受他們自己的眞理。我這麼說，是要你明白，你如是（有幾百萬人也這麼做）認眞觀照生命，並不是「發瘋了」，你也不必獨自一個人去承受你生命裡的改變和挑戰。

在我第一次戲劇性地經驗到神在我生命裡的眞實臨現的十五年後，我仍然持續有靈光乍現、意識覺醒的時刻，也時常窺見「全體」。經由這些驚鴻一瞥，我明白每個人其實都可以窺見它。

每個人。

我們當中不會有人比其他人更「有權柄」、更「殊勝」、更「神聖」、更「有大能」，去接近智慧或和神直接連線。並沒有「被揀選者」。我們都能夠，我們都是被揀選的。問題不在於神對誰說話，問題是在於**誰在傾聽**。

此外我還要說，傾聽不意味著聽見一切，總是與神對話並不意味著總是完全**理解**或**無誤地**詮釋所得到的知識。

以我爲例，我不曾說我所出版的訊息是無謬的或是「神自己的眞理」。我只能說，我盡力以我不完美的濾光鏡去傳導我所接收的訊息，即使我的理解和表現方式不甚完美，那些訊息仍然讓我獲益良多，開展了我的意識，很美妙地提昇了我對生命的經驗。就在我和人們分享它們的時候，我邀請（甚或是鼓勵）每個人來到「無論好壞部門」（For What it's Worth Department），到內心裡去傾聽他們自己意識的聲音。

的確，如果我與神的對話成就了什麼，我希望它能讓每個角落的人們都能回到蘊藏在我們每個人心裡的「智慧的根源」。

以此作爲脈絡，我現在要你多瞧瞧「無論好壞部門」裡更多的「東西」，也就是「生命四個根本的問題」。我認爲這是我最重要的探索。

但是等一等。現在似乎是該休息一下，是嗎？

（呼吸的空間）

當你準備好了，就接著看這一章的……

你的答案呢？

當我回答這些問題的時候，我的生命方向有了澈底的改變：

一、**我是誰**？

二、**我在哪裡**？

三、**我為什麼在我所處的地方**？

四、**我在這裡做什麼**？

其實，我並沒有回答這些問題，我只是**問這些問題**。我回到心裡，回到「智慧的根源」。以下是我得到的答案：

一、你是一個「神性的個體化」。只有「一個東西」，萬物都是那「存在的一個東西」的一部分。生命是神的自我表現。你是生命的一部分，因此，你也是神的一部分。唯一不可能爲眞的，就是生命和神的分離。這種事是不可能的。

二、你在物質的領域，那是你所謂的「天國」的一部分。惜哉你不知道你在天國裡，你「想像的實在界」告訴你說，你必須到那裡去。其實，要體驗天堂，你不必做什麼，也不必到哪裡去。你只要仰望星夜，或向外看看大海的浮漚，看看向晚或清晨的地平線，或是看看你心愛的人的眼睛。你就在天國裡，而你卻給它另一個名字；當然，你也**把它創造**成別的東西。

「物質的領域」是三位一體的實在界裡的三個領域之一，你給那個實在界各種名字，包括天國、天堂、涅槃、死後世界、神的王國等等。另外兩個領域是：「靈性的領域」以及「靈體的領域」（Spirisical Realm）（它在兩個領域的交叉點）。我們可以把它們想像爲橫著寫的數字8：

「全體存有或即你」是往返於「靈性的領域」和「物質的領域」的永恆旅程。「靈體的領域」則是兩者的交叉點。

（這個圖例讓我的心智能夠理解那無法眞正想像的東西，因爲它超越了人類的經驗。橫著寫的8剛好也是數學裡的**無限**符號。）

在「靈性的領域」裡，一切都以絕對的形式存在，而在「物質的領域」裡，事物則是以相對的形式存在。在「靈性的領域」裡，一切絕對是本質性的。在「物質的領域」裡，某物只是和其他非本質性的東西相對。

因此，小和大，並不存在於「靈性的領域」，而只在「物質的領域」裡。同樣的，現在和從前、快和慢、男性和女性、上和下、光明與黑暗、善與惡、愛與恐懼……都不存在於「靈性的領域」，而只在「物質的領域」。

在「靈性的領域」裡，它總是此時此地，也只有光和愛。於是，我們可以重新命名它們爲……

在「絕對的領域」裡，你絕對知道一切，你也以絕對的方式認識它。然而你不能經驗到你所知道的，因爲除了它以外，別無他物。例如，你可以**知道**你是「愛」，但是你不能經驗到自己是「愛」，因爲並沒有不是「愛」的東西。

你可以**知道**你自己是「光」，但是你不能經驗到自己是「光」，因爲除了「光」以外，沒有別的東西。

你可以**知道**你自己是「善」，但是你不能經驗到自己是「善」，因爲「惡」必不存在。

於是我們得到一個公式：

如果沒有不是你的東西，就沒有你所是的東西。

也就是說，在你的經驗裡，它不會是實在的。你可以用**概念的方式**認識你自己，但是你不能以**經驗的方式**認識你自己。你可以根據某個方式去思索你自己，但是你無法經驗自己**是那個樣子**，因爲除了「你所是的東西」以外，別無他物存在。

因此，這是神的難題：神如何能夠經驗他自身？**經由成爲不是神的東西**。

除非他不是神（也就是說，不是「他自身的全

體」），否則神雖然可以理解自身的偉大，卻無法**經驗**自身的偉大。但是……爲什麼？因爲在「絕對的領域」裡，除了偉大以外，沒有別的東西。神可以理解自己是碩大的、無限的、永恆的，然而這些概念並沒有什麼意義，因爲並沒什麼東西**不是**「碩大的」、「無限的」、「永恆的」。神可以理解自己是「全能的」，但是在一個只有絕對力量的地方，力量是不可能經驗到的。

神想要以**經驗的方式**以及概念的方式認識他自己，於是在天國（你也可以說是「究竟的實在界」）創造了一個地方，讓神既可以被經驗到，也可以被認識。

神把自己分化爲無數不同的部分或面向，每個部分都有不同的大小和形狀、顏色和構造、速度和聲音，以及不同的可見度和不可見度。於是，「整體的每個部分」（也就是「神性的個體化面向」）都可以自它浮現的地方回頭看那「整體」，並且說：「我的天啊，您眞是偉大啊！」個殊的面向如果要擁有充足的意識（自覺），只要這麼做就行了。

神如是把自身分化爲無數個別部分，他只要在那些部分裡灌注充足的意識，個別部分在凝視他的時候，就能夠認識（也就是「重新認識」〔re-cognize〕）到神性。神啓動了一個**系統**，好讓他自身的個體化可以提升到這樣的層次，而那個系統就叫作演化。

這就是「靈魂的系統」。

現在你知道了「心智的構造」和「靈魂的系統」。但是關於這個系統，我們還有更多要知道的。

然後我們看到了「絕對的領域」（或即「靈性的領域」）是**認知**一切的地方，而「相對的領域」（或即「物質的領域」）是**經驗到一切的地方**。於是，我們可以說，靈魂來到地球，是爲了得到一個**經驗的世界**。

我們也可以給神的王國另一個名字……

無論你選擇這三種標籤的哪一種，你都是對的。這些名字是可以互換的，我們有了各種名字，可以用我們最能夠理解的方式去觀照「究竟的實在界」，好讓我們去體會那無法理解的東西。

但是在王國（或「究竟的實在界」）裡還有第三個領域不是嗎？我們說有「靈性的領域」、「物質的領域」以及兩者的交會點，「靈體的領域」。

當然「靈體」是我創造的一個詞，因爲人類語言裡還沒有一個詞能夠指涉這個領域。這個領域不是兩個領域的

結合，而是它們**浮現**的地方。我們很難以人類語言去形容這個領域的確切性質，但是如果我們往下看看第三個標籤，或許我們可以接近一點。

在我們的第三組標籤裡：「神的王國」有「認知的領域」和「經驗的領域」。而第三個領域則是兩者的交會點，可以叫作「存有的領域」。當你**經過**數字8的交會點時，那就是你所經驗到的。那也是你從「物質的領域」走到「靈性的領域」時所經驗到的。

這個「中間領域」就是**純粹存有**產生的地方。

你明白了嗎？你有更完整的圖像了嗎？

現在你或許會問：「那是什麼？純粹存有是什麼東西？」我會回答說，在純粹存有的空間裡，你既認知也經驗到「你究竟是誰」。這個**同時性的**認知和經驗，就是神所渴望的經驗。那是神最大的喜悅。那是神性的奇蹟，完全的認知和完全的經驗！那是涅槃。那是至福。那是天國。

然而天國並不僅限於此。**整個**歷程就是天國，而歷程的奇蹟在於「全體存在或即你」在歷程的任何一個點上都可能入於涅槃、至福和絕對的喜悅。交叉點的創造只是要**確定**神性的每個個體化面向都不會因爲感覺而迷失，而都會被**應許**得到涅槃、至福和絕對的喜悅。

這是你在「度過」你的「死亡」（死亡並不眞的存在）以及重生（你再一次回到物

質領域）時的經驗。

你瞧，「究竟的實在界」其實是個圓圈。一個圓形的整體。生命的能量在這圓圈裡永恆地周而復始。那是生命的週期循環。在太初，神是這個圓圈，不多不少，完整無缺。當神把自己個體化，他便差遣神性的個體面向繞著圓圈旅行。神的這些極微的片段跑得非常快，彷彿遍布在每個地方。就像疾速轉動的輪胎，彷彿一個沒有在動的圓圈，生命的循環亦復如是，它創造了一個連續體，其中各個部分其實是剎那生滅的，如是複製了神的「永恆遍在性」。

神自我分化爲無數部分，每個部分都可以凝望「整體」，而突然有了一個背景，讓他去思索「整體」的偉大，並因而**認識到神**。然而每個個體化的面向如何認識到自己是神呢？這是大哉問！個體化在生命的循環裡流轉不息，他怎麼會知道他眞正的自我呢？他看到其他部分，會知道他就是每個其他部分嗎？

爲了明白這點，個體化的面向必須能夠經驗到神的完全喜悅（因爲神在經歷了生死流轉以後，可以同時認知和經驗他自身），而那就是至福。然而每個**個體化**如何保證也能夠趣入這至福呢？

啊，我們有個扭轉。神的圓圈把自己扭轉爲數字8，如果圓圈的兩邊可以在**一個點**交會，那麼神的每個個體化就可以在那個點認知且經驗到「神的全體性存有」。

你明白了嗎？現在你看到了嗎？

在生命的無限循環裡流轉的每個個體化面向，可以在循環的每個點上面認知且經驗到他的眞正自我。**你**現在就做得到，在你這一生的任何時刻。其他人已經成就過了。大師們已經做到了。他們之所以被稱爲「大師」，那是因爲他們**認識到自己就是神**。

有些人甚至**稱呼**自己爲神。但是如果你對那些還不認識眞正自我的人們說你是神，他們可能會很生氣。他們甚至會把你釘上十字架。他們會離你遠遠的，**即使他們渴望成爲且經驗到你對他們所開顯的自我**。

你明白了嗎？現在你看到了嗎？

當你來到你當下生命的「交叉點」，你會明白「眞正的你所構成的全體存有」的至福和喜悅。你還會往前走。你會**決定**如何去開展它。你會**選擇**接下來要認知和經驗什麼，並且作爲什麼而存在，因爲生命是「自我」持續再造的歷程。

那就是神要做的！

神以他自身的每個面向的重構和蛻變去成就這一切，**一次一個面向**。其實，在靈魂之旅，你走過的每個領域，也都是在這麼做。你只是還不知道。當你知道了，當你意識到你是誰，你在哪裡，你爲什麼在這裡，你的意識會演化到足以成就神的工作，而不只是**表面上的**人類的任務。

那就是我先前提到的「眞實的眞理」和「顯見的眞理」的差別。如是，我們就可以回答第三和第四個根本問題：

三、你之所以在這裡，那是因爲在「靈性的領域」裡，你可以絕對地認識自己，但是無法以相對的方式去經驗到自己。於是你到「物質的領域」去探險，好讓你有個「經驗的世界」。

四、你在「物質的領域」裡，利用只有這領域才有的工具和設備（包括你的身體），**經驗**到你決定成爲的你，在「靈體的領域」裡，則是經驗到你希望成爲的你，如是，你在「靈性的領域」裡終於**認知**到你的「自我」。

「自我的創造和再造」是個三階段的歷程：選擇、認識和經驗。你不能經驗到你不知道的東西，你也不能認識你選擇不想知道的東西。那是很簡單的道理，這個模式在設計上很優雅。

這就是靈魂的系統。這就是你是誰，你在哪裡，你爲什麼在這裡，以及你在這裡做什麼。

我是自有永有的
而且不只於此：
是光、聲音、神在地上的生活。

我可以給你看翅膀上的每一根羽毛。
每一種顏色和色調。
每一個美好的東西。
但是
我是自有永有的
我要去愛
任何還沒有愛的人。
任何還不知道愛的東西。
無論生命成就它了沒有。

還有許多愛，
沒有被發現，
只是
在地上體會神。

——艾姆・克萊兒〈我是自有永有的〉（'I Am That I Am' © 2007 Em Claire）

第二十章 觀點的力量

我剛才告訴你的一切，當然只是我的觀點。沒錯，我從和神的對話裡得到這個觀點，但是並不因此就比其他人的觀點更有效。你在探訪內心的智慧時所經歷的對話，或許會得到完全不同的觀點。

如果眞理只有一個，那麼這怎麼可能呢？它是可能的，因爲眞理不只一個。所有眞理都是主觀的。眞理不是被發現到的，而是被創造出來的。它不是被觀察到的，而是**被生產出來的**。

量子物理告訴我們，沒有任何被觀察者是不受觀察者影響的。來自科學的這句話可以說是眞知灼見。那意味著每個人都看到不同的眞理，因爲每個人都在創造他們所看到的東西。

哇。

你把它擱在心裡一會兒吧。

我再說一次，好讓你眞正明白。

科學（而不是宗教）告訴我們：

沒有任何被觀察者是不受觀察者影響的。

換句話說，**你觀看事物的地方決定了你看到什麼東西**。

神似乎在創造神對於神性的經驗……**每次一個個體化**。生命的四個根本問題並沒有「正確」答案。只有你給的答案。

說到這裡，我還要補充說，我堅信總會有某個答案的，如果你想要一個充實的、有價值的、**有個目的地**的生命，並且經由改變生命中任何不再讓你喜悅的面向，包括你對於改變本身的經驗，給你到達那裡的工具。

生命之所以美好，正是因爲我們不只對於生命最重要的問題沒有唯一的答案，我們也不執著於我們給與的答案。我們可以隨意**改變我們的想法**。

如果當一切都在改變，而你想要改變一切的話，你首先要改變的，或許是對於**爲什**

麼會發生變化的想法。那是第六個改變，也是一個能夠改變生命且轉移實在界的行爲。

我的想法是，改變之所以會發生，是因爲「你是誰」以及「爲什麼你在這裡」。

我說，改變之所以會發生，是因爲你要它發生。我說，你要它發生，是因爲你不斷選擇完美的人、地方和條件，好讓你在靈魂的演化歷程裡去經驗接下來要經驗到的東西。

我說，你在地球上的生活比你夢想所及的要多很多。那是關於如何決定、創造、表現和經驗「你眞正的自我」（相對於你所想像的自我），那是關於如何以你最湛然明白的覺照，在每個「當下」的黃金時刻裡再造你自己。

我說，你有能力爲之，因爲「你是誰」。我說，既然你是「神性自身的個體化面向」，你就有能力創造你的生命經驗，以及你的實在界。

我說，你在日常生活裡就有機會做到，只要你以「心智的構造」去決定你想要如何回應且經驗你的一切遭遇，而以「靈魂的系統」去選擇你用以回應的觀點。

我說，**觀點決定一切**。

我說，唯有「靈魂的系統」才能完全有效地創造你的觀點，因爲只有你的靈魂才明白「當下」是怎麼回事，才明白所有片刻，因爲唯有靈魂才能及於時間的所有片刻。

我說，單憑心智是無法以如此開闊的意識去觀照「當下」，因爲心智在分析「當下」時，總是受限於「過去的資訊」，而且很固執，無法跳出那個盒子——但是你可以把更大的觀點的「新資訊」**放到那個盒子裡去**。

（讀這本書時，你就在這麼做。）

我說，靈魂的工作就是給心智更多的資訊，而你的神性部分真是無所不用其極！它會利用任何設備、任何工具、任何事件、任何人，**任何它所擁有的東西**，去喚醒你，而唯有靈魂才知道「當下」打算要讓你有機會去表現哪個神性面向。

我說，如果你只利用心智去回應日常的事件，而沒有靈魂的同工，你會攔腰截斷「因果線」，嚴重限縮了你以開顯「眞正自我」的方式去回應的能力，更不用說**你接下來要成爲什麼樣的人**的能力。

還記得我曾說過，心智的視野非常有限。這是天性使然。那不是個「障礙」，而是個很優雅的構造，讓有限的物質裝置（大腦）去理解「究竟的實在界」無限的形上學表現。

你的有限心智一次只處理一個資訊。如果它處理生命所有時刻的所有資訊，它就無法精確運算資訊，很諷刺的是，你也會被判斷是發瘋了。因此，爲了給心智一個有用的工具，「全體存有或即你」負責一點一點灌注心智「全體存有」所知道和理解的一切東西。

好了，有太多東西要消化。在你接受更多的資訊「片段」以前，或許該暫時停下來，吸一口氣。

（呼吸的空間）

很好。當你準備好了，我們就開始……

延長因果線

我剛才提到一個新的身分，不知道你是否注意到。我說了好幾次「全體存有或即你」，彷彿那是自成一類的東西，在某個意義下，它的確是。那也是你必須認識的東西，因為這個意識是「當一切改變時，如何去改變一切」的**核心**。

「全體存有或即你」既是心智也是靈魂，更是你的身體。那是你過去、現在和未來所擁有的三層次存有。身體、心智和靈魂，是三件一組的。它是聖三一（Holy Trinity）。它是「你」（You）。

現在還有一則關於如何改變一切的資訊：生命的歷程和學習無關。

我知道，我知道……每個人都說：「生活是個學校。」或許是吧，但是它不是你要在裡頭學習你不知道的東西的學校。它是讓你有機會回憶你已經知道的東西的學校。

嚴格說來，你不可能學到任何東西，因爲在你來到這裡（物質生命）以前，你已經知道爲了成就你要做的事情所需要知道的一切東西。所以，你的心智只是創造一些經驗，讓你「想起來」你需要回憶的東西，讓你經驗到你要經驗的東西，而你的「全體存有」裡被我稱爲「靈魂」的那個部分，也和你的心智以及身體共同創造這個經驗，它和心智一起找到完美的人、地方和條件，讓你成就你來到物質世界所要做的事：也就是演化。

你的靈魂也和身體以及心智同工，讓你知道它正在演化以及如何演化。它扮演嚮導、指路人、助手、助理，以及你和神性之間的接線生。

你的靈魂是你和神的連線。

神是你的靈魂，不過要大得多。所以，你的靈魂是神和「神的全體性」相連線的一小部分。它清楚知道你的心智下一步要往哪裡去，在你的「全體存在」不斷演化的時候，你才能夠想起接下來該回憶的東西。

你認爲你爲什麼在讀這本書？

先前我說過，我會和你一起探究心智的有限視野如何影響你的實在界，以及每天花一點時間和靈魂**交流**，好讓靈魂和心智在日常生活裡攜手偕行，爲什麼是很有智慧的事。

現在你知道了。現在你理解了。每天花一點時間想辦法和你的靈魂連線，以便利用「靈魂的系統」，那是很重要的，因爲靈魂會給心智更大的觀點，而觀點有巨大的力量。其實，它是創造實在界的歷程裡最有力的元素。

我懷疑你是否眞的聽到；它是否給你任何影響。我們說了這麼多，這麼快，以致於有時候你會忽略了事物的底蘊。我再說一次。

觀點是創造實在界的歷程裡最有力的元素。

是的，是的，我說了好幾回了。我想起一首老歌，有一段歌詞說：「吻我一次，吻我兩次，然後再吻我一次。已經很久了。」我要把它改編成「靈魂之歌」。

告訴我一次，告訴我兩次，然後再告訴我一次。已經很久了。

你上一次完全意識到「你是誰以及你爲什麼存在」，已經是很久以前的事了。你上一次在「絕對的知」裡已經是很久以前的事了。地球的時間年復一年地過去。所以我在這裡對你說一次、說兩次、再說一次。因爲是你該完全想起來（remember）的時候了。你該**再次成爲神的全體的一員**。那是重新成爲一員（re-member）的歷程。

你以提昇你的意識去成就它，因而開展你的意識，喚醒你的心智，一次一則資訊。你是怎麼做到的？經由閱讀。我會告訴你。但是首先，以下是最後一則資訊，我已經告訴你第三次了。

觀點決定一切。

既然心智的視野很有限，執著於只以心智去理解生命，對你一點好處也沒有。然而大部分的人卻都這麼做。只有很少數的人會每天和靈魂交流。當他們沉思生命時，**他們把他們的靈魂和生命隔絕**。然而如果你要完全理解生命並且去改變它，那麼能提供你更開闊的視野者，會是靈魂，而不是心智。

靈魂告訴我們，觀點創造知覺，知覺創造信念，信念創造行爲，行爲創造事件，事件創造資訊，資訊創造眞理，眞理創造思想，思想創造情緒，情緒創造經驗，而經驗創造實在界。

記得我之前提過因果線嗎？

我列了一個公式如下：

事件＋資訊＋真理＋思想＋情緒＝經驗＝實在界

現在我要告訴你，我只是列了一部分。我不想一次傾倒太多的資訊。我知道當我接收到這個資訊時，並沒有辦法一次就完全接受。我是說，我會搞不懂。我會說：「太多了！太多了！太多而且太快了。我要離開這裡了。」

那「唯一的靈魂」知道這點，於是我分成兩個部分去理解「因果線」，我也如此和你分享。我希望那沒什麼問題。

於是……以下是更多關於「因果線」的資訊。這條線更長，看起來就像這樣：

觀點＋知覺＋信念＋行為＋事件＋資訊＋真理＋思想＋情緒＝經驗＝實在界

我相信你讀得懂。這條更長更完整的「因果線」告訴我們**在事件以前**的東西。我們生活的**行爲**導致我們生活裡的**事件**。而我們生活裡的**信念**導致我們的行爲。我們生活的**知覺**導致我們的信念。我們生活的**觀點**導致了我們的知覺。

而那就是靈魂進來的地方。

靈魂擴大了心智的觀點，超越了眼前資訊的限制。靈魂之所以能夠如此，是因爲靈魂的意識層次使然。靈魂的認識來自靈魂的意識層次。靈魂的意識層次來自靈魂的存有狀態。也就是與萬物爲一，跨越所有時間，遍在每個地方。這就是眞實的眞理和究竟的實在界。

就在你的身體裡，你可以經驗到這個存有狀態，以你想要使用的任何方法（有很多方法），讓你暫時閃開你的心智，和靈魂直接接觸。

現在我們把「因果線」垂直排列，因爲那才是眞實的情況。當你完成了這個探索，你會**徹頭徹尾**明白關於因果的一切。

以下是它的運作方式，它的流動……

存有
意識
認識
觀點
知覺
信念
行為
事件
資訊
真理
思想
情緒
經驗
實在界

從純粹存有得到意識，從意識得到認識，從認識得到觀點，從觀點得到知覺，從知覺得到信念，從信念得到行爲，從行爲得到事件，從事件得到資訊，從資訊得到眞理，從眞理得到思想，從思想得到情緒，從情緒得到經驗，從經驗得到實在界。

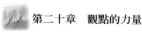

當然，宇宙裡沒有直線。一切都是自成圓圈。於是，這條線也是個圓圈，如果這個圓周沒有中斷，存有會通往究竟的實在界，因爲那是存有發源的地方。

物質世界裡的一切都在我們所謂「時間」的某個「片刻」裡發生。一堆這樣的片刻就可以用時鐘去表示。你的靈魂彷彿行經這個想像的片刻，「繞著時鐘」運作，好給你關於「你眞正的自我」最豐富的經驗。

在宇宙時鐘的每個「鐘頭」，你都遠離存有一步，如此你才會回到這裡，再次認知且經驗它。你在時鐘上看到的每一步，都讓你隨著「時間」創造且再造你自己。你終於走到「十一點鐘」。那是你走完「一天的時間」的結果。

好了，現在和我一起順著「時鐘」……如果你不記得你在原點時的觀點（也就是靈魂的觀點），你可能會抱持著一個知覺，它產生一個信念，導致一個行爲，顯現爲一個事件，創造一個資訊，得出一個眞理，孕育出一個思想，流瀉出一種情緒，在經驗裡累積，讓你在十一點鐘以「扭曲的世界」收場。

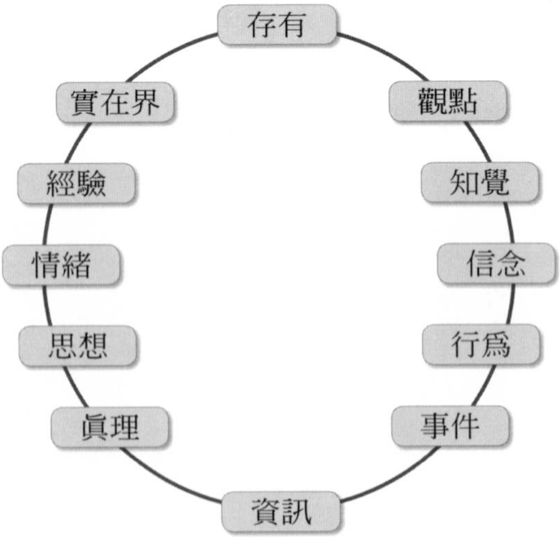

於是那個鐘頭的問題是：你如何記得你在原點時的

觀點？答案是：利用「靈魂的系統」。「心智的構造」無法讓你明白它，因爲關於你的原點的知識並不儲存在心智裡。

心智只相信它所蒐集到的資訊，因爲它在生化方面成熟得足以開始資訊蒐集的行爲。因此，你的心智所擁有的資訊，只有關於你身體的物質探險（出生前和出生後）。其他可能突然出現在意識裡的資訊，不是來自你的身體細胞（先前提到的細胞記憶），就是來自靈魂（它理解且認識一切）。

這就是爲什麼我建議你回到內心。正如我在《與神對話》裡說的：「如果你不往內心裡尋，那麼你將一無所獲。」我一直和我的靈魂接觸（就像世界各個角落的許多人一樣，以各式各樣的技術；我會仔細告訴你各種可行的方法），也明白了只有「一個靈魂」，我的靈魂是它的一部分，「靈魂的系統」優雅而簡單。

我便是由此明白萬物變化的理由。我再說一次：

改變之所以會發生，是因爲你要它發生。一切改變都是根據你的方向去改變。你要它發生，是因爲你不斷選擇完美的人、地方和條件，好讓你在靈魂的演化歷程裡去經驗接下來要經驗到的東西。

改變如何能讓演化往前推進？你對於生活裡的變化的**回應**就是該問題的答案。它的作用如下：

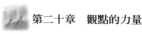

生命總是具有功能的。當它的任何切面（任何人、地方或事物）有喪失功能之虞，生命會立即偵測到能量的轉移，並且開始調適。這個調適可以讓生命持續存在。生命以改變後的新形式持續存在，因而重拾功能。

當改變（已發生或正在發生的）可能會在系統裡產生不穩定時，生命（或神）的一個小部分（也就是你）就會**選擇**改變。早在系統的不穩定產生任何負面影響以前，你的靈魂就可以偵測到它的徵兆。**那是它的工作**。

靈魂感知到不穩定的徵兆（就像孩子的陀螺漸漸慢下來），便會喚醒心智，於是心智會和靈魂（以及系統中的所有能量）共同創造任何能夠維持陀螺轉速的改變（適應）。

這就是我爲什麼說生命是一個歷程，它經由生命本身的歷程告訴生命關於生命的一切。

你說你是誰，你就是誰，而你說你的經驗是什麼，它就是什麼。

（**這或許是生命最大的祕密**。）

第六個改變是要改變你對於爲什麼會發生改變的想法。它要你接受新的概念：生命的改變既不是任意的，也不是沒有節奏或理由的，而是在非常複雜的系統（靈魂的系統）裡非常複雜的調適。

你瞧，你的靈魂在這裡有個任務。它並不是在這裡突然發現它自己，也不是沒有目的或理由地置身此處，你的心智、身體和物質生命，都是它（以及其他靈魂）成就其工作的工具。

生命圖謀賜給我們
堅定的恩賜。
我們當中誰沒有被這寬大的手觸摸到的？
它給我們自由，
一次一層
或許多層。
你是個幸運兒
知道我們所追尋的愛
毀滅
而接著回歸到它。
你知道
就在靈魂的哭喊扯裂你的胸膛的時候，
整個宇宙
因愛而顫抖。
在這全體的地方
在很久很久的終日
再也沒有任何地方
可以墜落。

——艾姆・克萊兒〈堅定的恩賜〉（'Unrelenting Grace' © 2006 Em Claire）

第二十一章

第七個改變

如是我們來到九個改變裡的下一個改變，它要我們不只著眼於當下的遭遇，更要思考明天的事，將靈魂的演化向前推進。

「靈魂的系統」是個能量的系統。這些能量影響它們自己。也就是說，他們的作用是循環性的。正如俗諺所說的：**種瓜得瓜，種豆得豆**。

就像我們先前以時鐘去比喻「因果線」一樣，「心智的構造」和「靈魂的系統」是**串聯的**。

如果你不知道它們是串聯的，你可能只會注意其中之一。你會一直有「霧失樓台，月迷津渡」的感覺（正如我父親對我的擔憂），完全脫離你的物質實在界，或是舉步維艱（正如我想要補償我父親），完全脫離你的靈性實在界。

無論如何，你都會在第十一個鐘頭創造且經驗到一個扭曲的世界，而不是究竟的實在界。你會發現你甚至很難跳到「眼前的現實世界」——眞是太慘了，因爲就連「眼前的現實世界」也成了很特別的地方。大部分人們並不是經常到那裡，可以在那裡待很久的人就更少了。於是，安住在「眼前的現實世界」成了非常高的存有狀態。在這狀態裡，我們不扭曲事物，而以人類的角度（即使不是以靈性的角度）去看它。你從你自己的「劇本」和故事裡被拉出來。在許多時刻，這可以讓你遠離恐懼。

我創造這個方法，並且在「改變一切研習營」裡使用它，讓人們也有機會做到。它讓學員們在很短的時間裡從「扭曲的世界」過渡到「眼前的現實世界」。我想要說，它可以讓你在七分鐘裡破涕爲笑。（我在研習營裡就曾經見到過！）

於是我們往下走。我們讓學員們從笑聲過渡到**意識的喜悅**，那是一個完全不同的意識層次。那不只是一個讓你遠離恐懼的地方，而且讓你眞正地轉化恐懼，改變了那個詞的意義。我們用它的縮寫來表示：

F-E-A-R＝Feeling Excited And Ready.（感到興奮且躍躍欲試。）

一個來自「眞實的眞理」且安住於「究竟實在界」國度裡的人，總是在這樣的空間裡，總是「感到興奮且躍躍欲試」，因爲那個人和活在「眼前的現實世界」的人所看到的又不一樣，原因很簡單，活在「究竟的實在界」裡的人以完全不同的觀點去觀照事物……從現代臨床心理學都**不承認它存在**的第三個實在界。

你記得嗎？**你觀看事物的地方決定了你看到什麼東西**。的確如此。訣竅在於以一個整全的整體去生活，也就是「你的存有的全體性」，包括身、心、靈，並且不在「想像的眞理」或「顯見的眞理」裡頭採擷概念，而是在眞理的第三個層次：「眞實的眞理」。

你以「眞實的眞理」作爲「原點」，就可以利用「心智的構造」去**轉換任何時刻**。而你以「靈魂的系統」去**改變你的觀點**，就可以一窺「眞實的眞理」的堂奧。

這是眞的嗎？眞的會這樣嗎？這是個好問題。你也可以這麼問自己。我來到這裡（更正確地說是你帶我來到這裡）告訴你說：是的，這是眞的。靈魂和心智以綜效的歷程協同合作，讓「全體存有或即你」去做你來到這世界所要做的事；以你想要利用這一生的方式去利用它。

到目前爲止，我要你做了六件事。我要你改變你「自己一個人去面對」的決定；改變你對於情緒的選擇；改變你對於思想的選擇；改變你對於眞理的選擇；改變你對於眞理本身的想法；改變你對於爲什麼會發生變化的想法。

現在，有了這個背景，我要你做一個巨大的改變。我要你做：

＊

第七個改變：

改變你對於未來的改變的想法。

＊

或許「靈魂的系統」還沒有應用到未來的改變或是你現在面對的改變，但是它是可以的。其實那就是它的大能所在，因爲它可以有系統地改變這一刻，也可以改變**你的一生**。

我說過好幾回了，改變之所以會發生，是因爲你要它發生。你要它發生，是因爲你不斷選擇完美的人、地方和條件，好讓你在靈魂的演化歷程裡去經驗接下來要經驗到的東西。你或許不覺得現在發生的改變是你造成的，但是在一個非常高的形上學層次上，它一直是個能量綜效交換的歷程。簡單地說，就是在活動中的思想。有些人稱爲「吸引力法則」（Law of Attraction）。

但是你爲什麼會吸引在你的經驗裡不是很歡迎的東西呢？因爲那只是你的**心智**不歡迎它。在你的靈魂裡，當下的改變顯然是你對於「生命的原則」很單純而直覺的辯護

（生命永恆是具有功能的，能適應的，能持存的）。

但是你或許會問，那些事對我怎麼會是「好的」？

你可以由兩個方式去經驗它。你可以耐心等候，直到時間對你證明它（它一定會的），或是你可以現在就到那能夠認識它的地方去。

那個地方是你的靈魂，而不是你的心智。你的靈魂現在就會對你證明你的心智以後才會告訴你的事。當生命的糾結打開以後，你會看到**發生在你身上的所有事都只是爲了讓你變得更好**。

這是什麼話！我們得需要什麼樣的神才行？

我知道現在我得停一會：那些在他們生命裡經歷了無法想像的苦難的人們，他們無可如何的困境又是怎麼回事呢？

我知道，我知道……我同意以人類心智有限的視野，很難像靈魂一樣，相信那些苦難是可以接受的、有目的或是意圖的。然而《與神對話》已經闡明了這點。它說，世上沒有受害者，也沒有加害者。一切發生的事，都是爲了最高的演化目的，有時候一個靈魂顯然是爲了**另一個靈魂的計畫**而化身爲人。

佛陀如是。領著百姓經過曠野到達應許之地的摩西亦復如是。耶穌基督也是如此，他的福音影響了整個世界。穆罕默德也是這樣，他是個外交家、商人、哲學家、預言者、立法者、改革者、軍事將領，根據穆斯林的信仰，他也是神的代理人、安拉的先知。其他許多先知、神的化身和聖徒，有名的或默默無聞的，也都是如此，他們都是爲了其他人的神聖計畫而犧牲奉獻。

（有一本源自《與神對話》的訊息的暢銷童書《小靈魂與太陽》〔*The Little Soul and the Sun*〕，以孩子們都能懂的語彙描繪了這個概念。）

當代有許多人物也屬於這個最終的範疇，他們或許可以說是現代的聖人……其中當然包括若干宗教人物，像是德蕾莎修女、尤加南達、甘地、金恩博士，甚至是晚近的人物，例如曼德拉（Nelson Mandela），他在獄中待了將近三十年，出獄後卻能原諒監禁他的人，並且要他的人民也那麼做。

他們是什麼樣的人呢？他們是傾聽靈魂而不只是心智的人，他們**重新闡述**（recontextualize）**了他們的經驗**，採取了一個新的觀點，讓他們得到一個知覺，產生一個信念，影響他們的行爲，產生一個事件，爲人們的心智創造資訊，導致一個眞理，孕育了一個思想，產生了一個撼動整個世界的情緒，創造了一個經驗，永遠提昇了人類的實在界。

這些現代的聖人不僅限於宗教運動或民族的領袖。你的母親也可能是這樣的聖人，或是你的父親。或是他們兩人。平凡的人也會做一些不平凡的事，他們爲了其他人的神聖計畫而犧牲自己。我們不知道那個計畫是什麼，但是我們看到現代的聖人在實現它。隆納・卡騰（Ronald Cotton）就是這樣的人。他是很平凡的人，大部分的歲月卻是在獄中度過。

一九八四年，隆納被控在北卡羅萊納州伯林頓（Burlington）的某夜強暴珍妮佛・湯普生（Jennifer Thompson）。我在哥倫比亞廣播電台的《六十分鐘》節目裡聽到隆納和珍妮佛的故事。報導中詳細描述珍妮佛如何指認隆納，以及他如何在獄中待了十一年。唯一的問題是，他不是元凶。他說不是他幹的，但是沒有人相信他。《六十分鐘》說，畢竟珍妮佛對他指證歷歷，她非常確定就是他。

但是在一九九五年，新的DNA證據顯示強暴犯另有其人。隆納爲了他沒有犯的罪行被關了十一年，終於無罪獲釋。二〇〇九年三月的《六十分鐘》對此做了專題報導。現在隆納和珍妮佛成了朋友。他們和作家多尼爾（Erin Torneo）合著了一本書《挖掘隆納》（*Picking Ronald*），分享他們的故事。其中最讓人津津樂道的是他們成了好朋友。他們經常打電話，一起四處旅行，和人們討論目擊證據的問題。

根據《六十分鐘》裡很戲劇性的報導，隆納獲釋後第一次見到珍妮佛時❶，她淚流

❶他們在他出獄兩年後見面。

滿面地說：「我即使以此生的每個小時、每一分一秒對你說我很抱歉，都不足以訴說我的感受。我很抱歉。」她說，而他只是伸出手來對她說：「我原諒妳。」

隆納說，她和他約在教堂見面，他輕聲對她說：「我不要妳老是回頭看，我只要我們都能快樂向前走。」

當他凝望錯誤指認他、讓他被關了十一年的人，卻能夠立即原諒她，那是什麼樣的人啊？

當人類開展他們的觀點，超越心智的限制，而擁有靈魂的視野，他們終究也能夠對生命做出如此不平凡的回應。他們甚至不會意識到他們正在那麼做，但是他們對生命以及如何生活做了一個選擇，我猜想這個選擇是來自靈魂深處，遠非心智所能及。

當我們使用「靈魂的系統」和「心智的構造」時，我們結合了人類天賦裡最有力的兩個工具。當你明白了一切事都是爲了你更高的善以及最快速的演化，你會感到振奮。因爲那意味著未來發生的一切事也都是爲了你好。

這會澈底改變你對於變化的想法。你再也不必害怕它。沒有了恐懼，你就可以控制它，因爲你現在可以選擇各種你想得到的行動和決定，而不只是謹小愼微。

點燃創造的引擎的，是欲望而不是謹愼。絕對不會是戒愼恐懼，而是**欲望**。

看看你在生命裡最想要什麼，一路載著它駛往創造之路。如是你正是在利用所謂的

「吸引力法則」。簡單說：就是在活動中的思想。從很高的形上學層次上去看，則是能量綜效交換的歷程。

一切都是能量。在這個能量場裡，同性相吸。你思考什麼，就創造什麼。但是你相信什麼，就思考什麼；你知覺到什麼，就相信什麼；而一切的知覺都依賴你的觀點，而……

你眼前的實在界決定你的觀點。

那是個**圓圈**。我知道這些你都聽過了。

但是我要你眞的「明白它」。如果你從一個「扭曲的世界」出發，你會把那個扭曲帶到下一個觀點，而忽略了靈魂的觀點所在的「純粹存有」。那會影響你的下一個觀點，接著影響你下一個信念，接著影響你下一個行爲，接著影響你下一個事件，如是順著你生命的時鐘……直到創造你下一個片刻的實在界。

如此很不好。如果「扭曲的世界」太強，感覺太「眞實」，以致於它的能量影響到你的下一個觀點，那麼生命就會不對勁。那就是爲什麼你會有和你的靈魂接觸的衝動，它停駐在你上一個實在界和下一個觀點之間（在生命時鐘的「十二點鐘」）。靈魂可以爲這個歷程**擴展視野**，那是心智無法給與的。

一旦你有了新的觀點，一旦你爲心智的「過去資訊」增加新資訊，對於明天以及你要它是什麼樣子，你就會有新的思考。對於你的未來，你再也不必懷憂喪志，無論你的今天有多麼「糟糕」！當你知道一切終究會更好，一切結果對你的演化而言都是完美的，你對於未來就會充滿信心。**而那就是你的力量所在。**

好了，說得夠多了。現在我要你放下書歇一會兒。

（呼吸的空間）

給自己一個機會去反芻它。讀一讀你在書眉的筆記。（你做了筆記，不是嗎？）或許寫點日記。（你有寫日記的習慣是嗎？）然後……

當你恢復精神了，請往下讀到……

你對於明天的新看法

我說生命是一個自給自足的能量。經由生命的歷程，生命產生更多的生命，生命的能量可以自我複製。正向思考眼前的事，不只會改變當下對於該事件的經驗，也會啓動那能夠創造未來事件的能量。一個不平凡的生命，是要改變你對於未來變化的想法，也就是我們所說的第七個改變。

你投射什麼，就創造什麼。你得出什麼結論，你就創造什麼。諸如此類。

「諸如此類」正是自太初以來各個種族和宗教的靈性導師要和人類分享的東西。所有靈性導師說的都是同一件事。你不覺得那有點不尋常嗎？所有宗教都宣揚相同的教義。你不覺得很有意思嗎？關於這個特別的主題，關於生命的作用和世界的運行，每個教義都一致認爲：**只要你相信，它就對你有效。**

詹姆士・艾倫（James Allen）對此寫了一本雋永的書《我的人生思考》（*As a Man Thinketh*）❷。我在三十多年前讀了它，從此改變了我的一生。

關於艾倫的網站（self-improvement-ebooks.com）說，這位神祕主義作家以自己鏗鏘有力的語言闡述了佛陀的教法：境隨心轉。艾倫說：「一個人心裡想什麼，他就是什麼樣的人。」

艾倫的教誨「是風雨如晦裡頭的一線希望。是的，人們熱情澎湃，悲傷不能自已，充滿焦慮和懷疑。唯有智者，唯有思考有節制而清楚的人，才能調伏狂暴的靈魂，」該

❷詹姆士・艾倫（James Allen, 1864-1912）英國著名哲學作家和詩人。

網站如是說。

這也是我要告訴你的。是自有以來的一切靈性導師和作家所要說的。艾倫在一百年前，便說過和這本書同樣的話：

「風吹雨打的靈魂啊，無論你在哪裡，生活在什麼條件下，你都要知道：在生命的海洋裡，幸福島正在微笑，你理想中的陽光海灘在等你到來。」

該網站說：「艾倫告訴我們兩個基本眞理：我們現在在哪裡，是思想帶我們來的，而不管是好是壞，我們是自己的未來的建築師。」

我的孩子已經長大，他們有自己面對生活的方式，無論發生什麼事，他們只是說：「那沒關係。」

你沒有安排午餐約會？「那沒關係。」車子發脾氣無法啓動？「那沒關係。」我喜歡這種方式。很好的觀點。很好的出發點。**你就是如此創造美好的未來的**。

對於**今天**，你可以創造一個新的原點。我們每天都有機會正視當下的處境，自我解嘲說：「那沒關係。」然後謝謝神將生命造得如此偉大，讓我們在任何時刻都可以創造一個**全新的經驗**。

我曾說，「眼前的現實世界」是很美妙的世界，那是很高很罕見的經驗狀態，人們少有能及。你會想，大部分人經常經驗到的，不就是「眼前的現實世界」嗎？但是那其實是很高的意識狀態，許多人在一生裡頭不曾經驗到幾次。大部分的人是以他們「想像的眞理」出發，因此只經驗到「扭曲的世界」。

你會知道，如果說你活在「眼前的現實世界」，那是因爲你明白只有當下發生的事才是眞的。

當你意識到現在的處境，你會明白你認爲「現在」裡頭一切「不好」的東西，都是**你自己增加的東西**。那並不是實在的，而是你用思考將它安置在那裡。

如果你要除去眼前處境的痛苦，你只需要停止將痛苦增加到你的處境裡頭。拔掉插頭！將不好的過去或不想要的未來給排掉。重新思考「當下」，**現在**就去做！

那沒關係！

我都丟掉工作了，你怎麼可以對我說沒關係呢？你或許會這麼咆哮，那很正常。或者你會悲傷地說，**我摯愛的人死了，我的伴侶離開我了，你怎麼可以對我說沒關係呢？**

那的確是很艱難而且壓力很大的時刻。我沒有說那不是。當我們面對如此的事件時，經常會懷疑我們生活的世界是否和我們站在同一邊。只有靈魂絕對知道這一切終究都是爲了至善，如此我們心裡才會平靜下來。

生命（以及生活裡的各種條件、環境和關係）一直是具有功能的，除非它的穩定性受到威脅。在這個情況下，它可以調適。它會改變形式以持續存在。你的摯愛死去（或任何東西死去）、結束關係、被解雇、生活方式的改變，也都是如此。一切改變都只會變得更好。

你或許會嗤之以鼻。然而我要回到這點：我打賭如果你很誠實地思索一切，你也會同意說，有些最壞的遭遇對你其實是最好的。

一個大師會在所有事物裡看到這點。我不是什麼大師。然而我從我的生命裡知道那是眞實不妄的。你知道十五年前我出了車禍，頸椎受傷，復健了兩年，因而無法工作，也就沒有收入，只好在帳篷裡住了一年，沿街行乞，忍受風吹雨淋，只求溫飽。

我夠倒楣了，是嗎？人生的夢魘，是嗎？或許是，或許不是。起初，我手足無措。我從來沒有想過我會成爲街友。當我餐風宿露，住在帳篷裡時，我不敢想像我還能夠回去住在眞正的屋子裡。

然而當我回首從前，我看到那其實是我一生中最美好的時光。它爲我上了一堂關於生命的課，那是我在任何地方都學不到的。它讓我深刻了解到我內心的源泉。它讓我看到一個更高的意識層次，也更關心每個人。它讓我意識到神以及生命的意義，改變了我以爲我了解的一切，也讓我體會到每個時刻都是個難以言喻的福賜。

或許你認爲那是一個「皆大歡喜」的幸運例子，但是我學到的是，唯有順其自然，把一切交給神，才會皆大歡喜；也就是不去阻抗我生命裡的一切改變。

這不意味著**消極被動**，而是**不去阻抗**。

你愈是阻抗，它就愈頑強。你愈是想要找尋它，它就怎麼也找不到。也就是說，它再也沒有幻相的形式。我們不去阻抗，也就拋開了想像的眞理，意識到眼前的眞理，最後才能看到眞實的眞理。也就是「遠離罪惡……」。原本似乎山窮水複，現在突然海闊天空。隨著一個觀點的改變，一切都變得不同。

這就是第七個改變背後的眞正力量。

當你明白一切改變都是爲了宇宙的和諧……當你**相信**它，即使你覺得很不可思議……當你確定生命終究會是幸福的……當你明白所有故事都會有皆大歡喜的結局，只要你不再心存憎恨、憤怒、懊悔、挫折，或者不相信會有圓滿的結局（這是最大的障礙）……那麼你就可以改變對於當下處境的想法，也就能改變對於未來的想法。

你的生命不曾告訴你一切都是爲了最高的演化目的嗎？當然它告訴過你。**你現在還在這裡**，這就是證據。

你或許會說：「話是沒錯，可是我怎麼樣才做得到呢？」是啊，以前的你的確很辛苦。但那是因爲以前你沒有現在手上擁有的工具。然而即使沒有這些工具，你還是熬過來了。

那麼……**你爲什麼會認爲明天會不一樣呢？**

所以，問題不在於**是否**可以撐過去，而是**用什麼方式度過**。你會很快樂嗎？或是很悲傷呢？你對生命會很振奮嗎？或是沮喪、不滿、失望呢？對於你周遭的人而言，你是他們的榮耀，還是他們的負擔？

你當下的經驗方式，決定了你如何創造下一個經驗。這就是爲什麼改變對於未來變化的觀點會如此重要。

訣竅就在於將**洞見**（insight）轉化爲**遠見**（foresight）。訣竅在於**今天**就知道明天會怎麼樣。訣竅在於明白生命是站在你這邊的。

這不意味著一切都會順心如意。它只是告訴你，有時候你想要的，未必是對你最好的。

什麼？**眞的如此嗎？**我們想要的東西有可能不是對我們最好的嗎？當然。人們總是這麼做。那是因爲他們不知道什麼對他們是最好的。那是因爲他們不知道他們眞正的自我，不知道他們在哪裡，他們在這地球上到底在做什麼，以及這一切的目的究竟是什麼。

所以，請回答「生命的四個根本問題」，然後你就會改變對於變化的想法。別再以爲你不能影響未來。告訴自己，未來不是「臨到」你的東西，而是「經由」你產生的。未來臨到你的改變，是你以今天的思考、語言和行動**安排**在未來裡頭的改變。那就是三個「創造的工具」。如果你想要更深入了解，爲什麼你是自己實在界的創造者，那就請翻閱《與神對話》第一冊，裡面會有激勵你且改變你生命的饗宴。

如果你讀過了，那就再讀一遍。如果你沒有讀過，現在就去讀。然後看看你會怎麼想。讓你的回響匯流到你的生命裡，成爲你生命眞理的一部分。

是的……當你改變對於過去的變化的想法，你同時也改變了你對於未來的變化的想法。然後你就可以改變對於兩者的經驗。

你究竟還有什麼？
我的意思是從失落裡。
在被奪走一切以後。
在你生命裡不能沒有的東西。
人或地方；
祕密或環境——
現在它已經不見了，
或是被發現了，
你也失去了根基，
你究竟還有什麼？

你知道，我也知道：
你被挖空。
有個東西臨到你，把你挖開
直到深處，
自此以後，
你再也無法對世界免疫。

你醒來，你驚訝，
一切熟悉的東西，現在都變得陌生。
你彷彿涉水經過，

直到你以它為床
以它作為你的被褥；你的枕頭有不同的氣味，
彷彿有人重新粉刷你的房間，換了某些東西，
弄亂了你珍藏的紀念物。

你瞧，
有時候我們被掏空。
我們被掏空
因為
生命要我們認識
更多的光。

——艾姆・克萊兒〈你究竟還有什麼？〉（'What Is It That You Were Given?' © 2006 Em Claire）

第二十二章

第八個改變

我們就要到了尾聲，我要你知道，我瞭解這個改變的時刻所發生的事對你有什麼影響。無論你失去了工作還是房子，或失去了一段關係，甚至健康，或者你心愛的人死去……無論有什麼變化，我知道那變化對你的影響。我希望和你一起度過，在 www.ChangingChange.net 裡的其他靈性生活教練也是一樣。

無論你在那裡找到任何形式的奧援，或是在其他地方得到協助，我都建議你不要把你現在讀到的東西擱置一旁。我不希望你假裝一切都沒有發生過。

我希望你不要隱藏它，也不要輕忽它，我希望你持平地看待它，不去壓抑任何眞理、情緒和經驗，因爲我知道，你愈是阻抗，它愈是堅持存在。

然後我建議你使用我在這裡給你的工具去進行思考。我要你看到「顯見的眞理」而不只是「想像的眞理」。我要你明白，你的靈魂（以及其他人的靈魂）知道它在做什麼，而且是爲了一切的至善。

我也要你明白，儘管變化已經是個事實，但是那並不表示你不能改變這個**變化**，你有可能回到從前，或是比從前更好的生活情況（例如修復一段破裂的關係）。

沒有任何未來的可能性是不能談的。

我在研習營裡和一些賠了幾百萬美金的人談過，他們後來賺了更多回來。我也聽過有些人失去了最親密的關係，不過他們後來和解了，而且關係超乎想像的甜蜜。我也和某些被醫生宣告不治的人談過，不過他們後來活蹦亂跳，還被稱爲「奇蹟」。

是的，我聽過許多這樣的故事，雖然各異其趣，但卻有個共同點。他們的故事尾聲，**並不是故事的結束**。

你聽過關於我的許多困境，但是我要說：我以前不只一次認爲我的故事就此結束，好日子不會再來了。我的天啊，我錯得多麼離譜啊。千金難買早知道。或者是我父親對我說的：「芳華易逝，世事難懂。」

在你像我一樣年華老去以前，讓我幫助你明白你想知道的生命道理吧。或許你也和我一樣垂垂老矣，那就讓我幫你在回家的路上走得更自在一點。

我的好友，我要你思考生命終究會是幸福的。

你相信嗎？如果你不相信，那麼就跑到鄰近的書店去買一本《比神更快樂》（*Happier Than God*）來看。那是我靈感最豐富的一本書，裡頭鉅細靡遺地解釋了「個人創造的歷程」（Process of Personal Creation）（有人稱爲「吸引力法則」），並且探討它的各種面向，許多其他論述這個生命原理的作品都忽略了這些面向。它會爲你解釋清楚的。

當生命要證明它終究會是幸福的，它會給我們許多工具，讓我們隨時隨地、以自己的方式去**重新創造**我們的經驗。如果你不知道那些工具是什麼，**那麼現在就傾聽生命要告訴你什麼**。傾聽你在這裡聽到的東西。

現在，你該做第八個改變了。它和你現在處於風雨當中的保護傘有關……你關於生命本身的保護傘理論。現在我要你做：

※

第八個改變：
改變你對於生命的想法。

※

現在是思索這整個該死的方法的時候了。不只是**改變**的方法，不只是「心智的構造」，不只是「靈魂的系統」，而是我們從生到死的整段經歷。

這是怎麼回事？是的，自從你的心智讓你意識到自己的存在以後，它就渴望這個問題的答案。可是問題在於，我們大部分的想法都是來自**從前**。我們關於**今天**的所有想法，都是來自別人告訴我們的關於**昨天**的東西，以及我們昨天的遭遇。

但是那很合理，不是嗎？我們不是應該從經驗裡記取教訓嗎？不。如果我們的經驗是源自「想像的眞理」而不是「眞實的眞理」；如果我們的經驗會帶領我們到「扭曲的世界」而不是「究竟的實在界」。

如果我們不聽經驗的話，那麼我們要傾聽什麼？

傾聽我們的靈魂。我們的存有。回到時鐘的頂端。我們應該傾聽靈魂，而不是人類。我們應該傾聽我們的靈魂和「唯一的靈魂」的連線通話。

我相信當你連線的時候（冥想、禱告、沉思片刻、安靜地閱讀、到林中安靜地漫步、安靜地泡個澡，沉浸在生命的溫水裡、安靜地寫作、安靜地吃、對自己輕聲唱一首靈魂的歌）……我相信你會聽到心裡一個細微的聲音告訴你說，生命不應該是一個困局。它也不應該是個「試煉」，也不是「用火施洗」、「審判」、「學校」，或**任何討厭的東西**。

我相信你會聽到，生命自始至終都應該是喜不自勝的；它是關於「你是誰」以及「你能做什麼」的禮讚；它是美好而神奇的比例的表現；是生命自身闖入生命的競技場，**經由生命本身的歷程開展生命本身**。

無論就你的生命或宇宙的生命而言，這都是眞的。二〇〇六年十一月十七日，美聯社報導說，哈伯太空望遠鏡證實，由愛因斯坦最早發現的一種神祕能量形式，自有宇宙的歷史以來，一直在加速宇宙的膨脹。天文學家利用超新星的爆炸去測定宇宙的膨脹，而有驚人的評論：

「比較老的超新星，它們的光到達哈伯望遠鏡的距離比較遠的，遠離地球的速度似乎比單純的大爆炸理論所預測的還要慢。而鄰近的超新星的遠離速度則比預測的快。」美聯社又說：「唯一的解釋，是有某種神祕的力量長期在加速宇宙的膨脹。」

這個「神祕的力量」就是生命本身。那是神，**神化**（Godding）。它在你生命裡運作，在你裡頭，在任何時刻。你靜默獨處，就可以感覺到這個「神祕力量」。的確，當你靜默獨處，你就名副其實地**讓原力與你同在**。

這裡有個東西很有意思。「原力」（force），或能量，**蘊含著資訊**。的確，它就是資訊本身。好了，明白了嗎？**能量是資訊。資訊是能量。**

你聽說過某些數字包含「好的能量」？那是眞的。例如數字九，以及得出九的等式（8＋1，4＋5，3×3），據說都很有力量。我不是什麼命理學家，但是那並不讓我驚訝。

生命資訊的習得，其實就是讓心智安靜，好讓你聽見靈魂的聲音，而資訊就儲存在那裡。冥想是其中一個方法。每個人都聽過冥想，然而並不是每個人都知道怎麼做。在我們屬靈退省會裡，經常有人問我是否能夠教授最好的冥想方法。

當然，並沒有什麼「最好的方法」。我個人的冥想方法是經由寫作。它對我而言是很好的冥想方式，我在寫作的時候，大部分的時間其實是在發呆，也沒有在思考，只是隨著當時生滅的念頭，沒有質疑、期待或渴望，安住在下一個念頭。（這當然是**整個生命**之旅的一個奇妙方法。）

儘管並沒有什麼「比較好」的冥想方法，但所謂的「靜坐」是大家比較熟悉的。所以讓我和你分享我對於冥想的看法。

我們就做一次「簡短的」冥想，讓你的心休息一下。所以，放下書本。

（呼吸的空間）

閉上眼睛，深呼吸，緩緩做三次「睡眠式的」呼吸。放鬆，安靜地隨順自己。

當你準備好了，就接下去讀到本章的……

關於冥想的一點想法

對於沒辦法靜下心來的人們，我有個建議，就是一天練習兩次靜坐，早晚各十五分鐘。

如果可能的話，每天定時靜坐。然後看看你是否能夠準時去做。如果你的時間不固定，那麼任何時間也可以，只要早晚兩次即可。

或許你有時候會想要在戶外靜坐，如果天氣暖和的話，可以沐浴在早晨的陽光裡，或是讓星星在你頭上閃爍。在室內，你可以坐在窗邊，讓晨曦灑進來，讓夜空擁抱你。我說過，並沒有什麼「正確的」靜坐方法。（的確，做任何事都沒有什麼「正確的方法」。）你也可以坐在舒服的椅子上，或是在地板上，或在床上端坐，只要選擇適合你的方式就好。

有些人會席地而坐，沒有椅背，也許有時候會靠著牆或什麼東西，因爲席地而坐讓他們比較容易「安住」在虛空。有人跟我說，如果他們坐得太舒服，例如在鬆軟的沙發或在床上，可能會昏沉或散亂；如果他們坐在地上或草地上，就沒有這種問題。他們完全身心安住。

上坐以後，就開始注意你的呼吸，閉上眼睛，傾聽你的出入息。在黑暗裡只注意你聽到什麼。當你「一心不亂」，隨著調息而注意你的「內觀」。

在那時候，通常會一片闃黑。如果你看到什麼形象，也就是某個東西的「念頭」，在你的心裡看到它，那麼就讓那些念頭淡出，就像電影「沒入黑暗」一樣。讓你的心一片空白。專注於內觀，凝視黑暗。沒有任何尋伺，而只是單純的凝視，無求也無待。

在我的經驗裡，接下來會有微細的藍色「火燄」或一道藍光劃破黑暗。我發現如果我以知見去思考它，也就是定義它，對我自己描述它，試著給它一個形狀和形式，或給它一個意義，它就會立刻消失。讓它回來的唯一辦法，就是不要去注意它。

我曾經努力要息心絕慮，安住於當下和經驗，而不去判斷它、定義它，或試著讓什麼事發生，或思索它，或是以我的邏輯中心去理解它。它其實很像做愛。然後，爲了讓經驗成爲神祕而魔幻的經驗，我必須息心絕慮，安住於當下和經驗，而不去判斷它、定義它，或試著讓什麼事發生，或思索它，或是以我的邏輯中心去理解它。

冥想是和宇宙做愛。它是和神合而爲一。它是和自己合而爲一。它不是要去理解、定義或創造的。我們並不理解神，而只是體驗神。我們並不創造神，神只是單純地存在著。我們並不定義神，是神定義我們。神是定義者和被定義者。神是定義本身。

在以上的段落裡以「自我」代換「神」這個字，其意義並沒有改變。

現在，回到跳動的藍燄。當你息心絕慮，卻又念住於它，而沒有期待或任何思考，那閃爍的光就會再度出現。訣竅在於不要去想它（你的思考過程），而要念住於它（你無分別的注意力）。

你能想像這個二分法嗎？那意味著專注於你不注意的東西。那很像是做白日夢。就像在大白天裡，在一個盛大的場合裡，你卻沒有專注於任何東西。你不期待任何東西，不求任何東西，也不特別注意到什麼東西，而只是**繫念於**「無」和「一切」，直到有人將你喚醒，對你彈指說：「嘿，你在做白日夢嗎？」

我們通常會睜著眼睛做白日夢。

靜坐是「閉著眼睛做白日夢」。我便閉著眼睛來解釋這個經驗。

那跳動的藍燄再次出現。只是經驗它，而不要試著去定義它，測量它，或是以各種方式對自己解釋它。只是……浸淫其中。火燄會自己臨到你。它會在你的觀想裡愈來愈大。並不是火燄走向你，而是你走進對它的經驗裡。

如果你夠幸運，你會經驗到**完全沉浸**在這個光裡，在你的心智開始告訴你它是什麼東西，並且和你的「過去資訊」作比較以前。即使你在一彈指間擁有這種無分別心的沉浸狀態，你也會經驗到喜悅。

這是「和萬物爲一體的自我」的完全認知和經驗。你不能「設法得到」那種喜悅。在我的經驗裡，如果看到藍燄，而開始期待這喜悅，那火燄就是立即不見。任何期望和預期都會讓這個經驗消失無蹤。那是因爲經驗只在「當下」，而預期或期望都會**把它置於你還不曾去過的未來**。

如是，那火燄似乎「走開了」。其實不是那個光走開了，而是你走開了。你離開了「當下」。

如是，你關閉了**內在**的眼睛，正如你閉上外在的眼睛，而關閉了對於周遭物質世界的經驗。在我的經驗裡，每一千次靜坐裡，只有一次和那喜悅相遇的機會。我知道那既是個喜悅也是詛咒，因爲我會一再渴望它。有時候我能捨棄貪著、希望和欲望，不再有所期待，完全安住於當下。那是我所追尋的心境。那並不容易，但不是不可能。如果我成就了它，就能夠「無所用心」（mindlessness）。

「無所用心」並不是把心放空，而是不執著於分別心。也就是「走出我們的心智」，暫時放下你的念頭。於是我到了「神的王國」裡兩個領域的交會點，也就是「純粹存有」的空間，那很接近涅槃，給我無限的喜悅。

那麼……如果你想在一個固定的基礎上靜下心來，經由靜坐，或是我所謂的「行禪」（walking meditation）、「做禪」（doing meditation）（做菜也可以是很好的冥想，閱讀和寫作也是），或是「止禪」（stopping meditation），你可以明白你一生裡最重要的承諾是什麼：對你靈魂的承諾，**安住**於你的靈魂，和你的靈魂**相遇**，**傾聽**它的聲音，和它**交流**。

如是，你不只是以心智去經歷你的生命，你也經由靈魂去體會它。那也就是當代頗具影響力的美國哲學家肯恩·威爾伯（Ken Wilber）在他的《萬法簡史》（*A Theory of Everything*）裡所說的「整體轉化修行」（Integral Transformative Practice），其基本原理很簡單：「我們同時修練愈多的存有面向，就愈有可能轉化。」

那也是我們的對話反覆提到的。我們提到個人的轉化，轉變你個人對於整個生命的經驗，尤其是基本的、根本的、本質性的部分，我們稱之爲「變化」。

我們談到如何將「你的全體存有」的三個部分整合爲一個協調的、多功能的整體。然而我們必須先知道我們是個三位一體的存有者，並且澈底認識……

一、身體的基礎

二、心智的構造

三、靈魂的系統

我們還不曾探討過第一個部分，現在我們就來談談。你準備好放上最後一塊拼圖了嗎？如果你的心智想要多思索一下我們的對話，你可以休息一下。

當你準備好了，就接著讀這一章的……

身體是從哪裡來的

「你的身體不是你，它是你所擁有的東西。」我的好友李承憲在他關於人類大腦研究的作品裡總是喜歡如是說。其他哲學家如珍・休斯頓（Jean Houston）、肯恩・威爾伯、芭芭拉・馬克斯・胡巴德（Barbara Marx Hubbard）也有相同的觀點。

我們漸漸認識到我們是不同於我們的身體、心智，甚至靈魂的東西。我們是三者的結合體，而整體的確大於部分的總和。

我們就是「整體存有」，它是純粹能量，也可以稱爲「靈」。你的身體是個能量的容器。你的心智和靈魂也是。簡單地說，你是個**擁有一個物質經驗的靈性存有者**。

物質性應該被理解爲幻相，因爲它既不是你所在之處，也不是你。

你眞正的所在是「純粹存有」的地方。那也是眞正的你。在「神的王國」裡，你是誰，你在哪裡，你在什麼時候，你是什麼東西，**都是同一件事**。

你需要思索一下這些話的蘊義。你眞的需要。我們都需要。因爲我們不曾思索那些蘊義，所以創造了我們生活在其中的幻相，以及人類每天困在其中的痛苦。

我說……你是誰，你在哪裡，你在什麼時候，你是什麼東西，**都是同一件事**。我稱之爲「神」。你可以隨便叫它什麼，但是你不可以忽略它，也不可以假裝生命在其中自我表現的那個更大的背景並不存在。

我們現在說的是你的「本質」。它是生命本身的原始能量。那能量、本質不是物質性的，但是它化身爲物質，好在它自己的經驗裡認識它自身。因爲那是三位一體的神性（如下頁圖）。

物質的奇蹟是能量和本質在一個所謂「靈的加速」（quickening of the soul）的過程裡附帶產生的。

宇宙最初的聲音，是神的交響樂裡的低音部。那是「嗡」（Om）……深沉的低吟，聽起來很神祕。近年來的「深度空間聽覺設備」已經可以測到那聲音。它是「原始的顫動」。它是最低速度振盪的能量和本質。

當它加速時，音調就會升高，從低吟到我們熟悉的生命的溫柔旋律。一切都從「第一個顫動」開始。一切都從聲音開始。（「太初有道……」）而那聲音說：「要有光。」它振盪得如此之快，使它的本質變得**白熱**。於是光就誕生了。

它的振盪在兩個頻率中間來回轉換，經由這個簡單而優雅的歷程，能量和本質產生其他物質性的表現。而「嗡」的深沉聲音也成了生命的甜美景象。（「道成了血肉，住在我們中間。」）

能量和生命顫動的速度愈快（也就是它的**振頻**愈高），那不堅實的東西就愈顯得堅實。

我們這麼想吧：如果一個能量點在由A點到B點的直線運動的速度夠快，它看起來就不會是在A點或B點，而是在直線的每個點。它不可思議的速度讓人類的肉眼覺得它不在某個點，而是**在任何地方**，因爲它的速度太快了，我們無法在任何一個時空

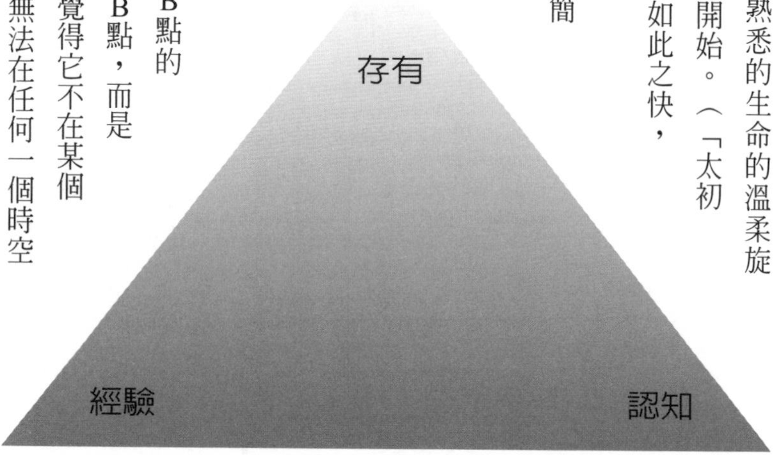

裡「定位」它。因此，它的運動速度使它看起來像是在A點和B點之間的一**條直線**。

你可以用一個小實驗去證明它。在透明的吸管一端貼一塊黑點。以白色的牆爲背景，在你面前左右搖動吸管。你當然可以看到那個黑點，並正確指出它的位置。現在，來回擺動你的手，加快黑點移動的速度，使得黑點不再只在一處，而在每個地方。如果你瞇著眼睛看，它對肉眼而言會成爲一條直線。

人類的視覺跟得上新的資訊，他們的心智卻無法去計算它。資訊流比心智的分析能力要快得多。因此，心智並不知道它看到什麼。

世界有百分之二是物質，百分之九十八是虛空，但是對我們而言，看起來卻像是物質「充滿世界」，彷彿情況剛好相反。

如是，我們生活在我們的幻相世界裡。然而那是「原初的睿智」刻意如此創造的。心智是個美麗的設計，用以自無限的來源分析有限的資訊。它不曾想要一次理解一切。那是靈魂的工作。

同樣的，身體也是個設計。

你的身體是「靈」在某個時空基於某個目的以某個形式的物質化，它和萬物的每個粒子的個殊化有關。

既為「萬物」，就不是**個殊的**。然而「萬物」卻無法經驗自身為「萬物」，因為沒有其他東西可以和它做比較。因此，它選擇將自身**個體化**，好讓「全體存有」被經驗為**個別的東西**。

「個殊化的歷程」創造了我所謂的「物質領域」。那也是最初的顫動加速其振頻的歷程。

「你的全體」是很神奇的，是的，它充滿驚奇。然而你的身體卻一點也不神奇。其次是你的心智，而你的靈魂才是最神奇的。你的心智充滿驚奇，所以才能影響到你的身體……甚至一切物質性的東西。

也就是說，**你的心智可以創造你的物質世界**。

它不只可以那麼做，它其實正在做。你的心智每一分鐘都在創造你的實在界，無論你是否意識到。問題不在於哪個「你」在創造實在界，而在於你是不是有意識地創造。

經由「靈的加速」，你讓實在界裡的事物變成物質性的。那是你所謂「快速思考」的好處。你知道人們常說的「腦筋動得快」嗎？

如果你知道你的心智思考有多麼快，你會嚇一大跳。只要**忽略所有過去的資訊**，它的思考速度可以是平常思考的兩倍。你可以稱它為「省去過去的資訊」，更不尋常的是，你可以指導你的心智這麼做；你可以**訓練你的心智**。

你如何能夠訓練你的心智忽略關於一個主體的一切知識呢？經由一個量子跳躍，跳到靈魂的覺知。

你總是要決定，是要考慮心智的資訊或是靈魂的覺知。當你選擇了靈魂的覺知，你就讓意識提昇到三角形的頂端，也就是存有的地方。

存在或不存在，那是問題所在。

這就是萬物存在的吊詭……你準備好了嗎？那是祕密中的祕密；沒有人會跟你說：要得到靈魂的覺知，你就得**放慢腳步**。

等一下！我剛才不是說你得「快速思考」嗎？是的，你四周的事物瞬息萬變，腦筋必須動得快一點……快到足以告訴你自己要**慢下來**。

當輸入的資訊氾濫成災，你的心智第一件想要做的事，就是**分析資訊，給你所有的回應選項**。它的速度非常快。爲了讓你抄捷徑，你必須「快速思考」。快到當你的心智帶你深入過去的資訊時，你其實是**阻止你的心智到那裡去**。你省去了你的過去。

如是你改變了你的能量的線路（你知道的，你的心智是電能！你可以實地測量它的脈衝）。你將能量導到覺知，而不是資訊。這就像是在調車場裡切換軌道，從進場的軌道切到支線去停放。你也可以切換到**當下的支線**，從心智轉到靈魂。你知道有人被形容爲「單一思維」嗎？我們總是一直思考我們正在思考的東西，在同一個地方團團轉。你知道的，如果你搭火車這樣兜圈子，你**哪裡也去不了**。你總是會回到出發點。

那麼……要改變這一切，你就得**快到足以慢下來**。

你必須快到讓心智趕不上你，放慢你的個殊化歷程，把你的振動調降到靈魂的頻率。你的靈魂振盪慢到**你看不見它**。

我知道這和你聽到和學到的一切完全相反。別人告訴你要「提高你的振動頻率」，好讓你「提昇意識」。其實正好相反。你應該放慢你的振動頻率。放慢到那「不可見者」的頻率，才能接近「最初的聲音」。那就是爲什麼僧侶或習禪者會坐在一起以低沉渾厚的聲音唱誦「嗡」。你要放慢振動頻率，走出你的心智。

那麼你的身體在這一切裡頭的地位是什麼？我說過，它只是一個工具。問題是你經常像使用心智和靈魂的工具一樣地使用它嗎？我要說，它充其量只是這**兩者的工具**而已。

我不想把心智當作敵人。它不是。更重要的是，它是個神奇的機器。然而我們必須讓心智做它該做的事，讓靈魂做它的工作。我們要記得，我們是個三位一體的存有者，身體也是個「神奇的機器」，卻是三者當中最不神奇的。它是聽命於我們的一具**設備**。

因此，不要囿限於身體的一切。你當然要照顧好身體，正如你要照顧好你的車、你的家，或任何有價值的財產。然而不要誤以爲那就是你。

你不是你的身體。你不是你的心智。你也不是你的靈魂。你是這三者，而且更多。你是形構它們三者的「靈」。你是「能量」。你是「本質」。

請不要後悔
那些領著你來到這裡的時刻。
如果你讀到這裡，
那麼你的不屈不撓已經有了回答，
有個榮光即將到來，
現在隨意環顧你在哪裡。
猶如標示著你所到之處的繩結，
左右手互換，
你會一直往上爬——
有時候藉著神遊物外，
有時候藉著清澈的苦悶，
爬到永遠的光那裡。
那是恆久不變的定律。
直到有一天你發現自己
只是狼煙；
只是火燄。
在即使是愛也鬆開了的地方。

——艾姆・克萊兒〈愛的自身〉（'Love Itself' © 2006 Em Claire）

第二十三章

生命的奇蹟

我認識很多從來沒有想過生命問題的人。他們對我說：「我太忙了。就留給作家和詩人去傷腦筋吧。」

也因爲如此，許多人的生活總是不甚如意。六十億人怎麼會要相同的東西，而又得不到呢？他們問。那是什麼樣的世界啊？他們想要知道。或者像是佩姬・李（Peggy Lee）多年前讓人心情低落的歌：「就是這樣嗎？」如果一切就是這樣……那叫小丑進場吧，因爲那一定是個馬戲團。

但是那不是馬戲團，那是編曲優美的交響樂，神是指揮，我們都是團員。我們要一起演奏美妙的音樂，就必須要看得懂樂譜。

當我們看清楚生命的眞相，一切就豁然開朗。眼前的一切改變都會被視爲禮物，而不是負擔。未來的改變將是創造的證明，而不是忍耐的考驗。

生命是個歷程，它不是單純的事件，而是**有目的**的事件。有些事是生命預定要做的。**生命要得出什麼結果呢？**

這是目前的問題。的確，是我們百年來的問題。答案可以有兩個層次……

宇宙的層次：生命是神用以表現神、經驗到神、開展神的歷程。

個人的層次：生命是要讓你經驗到真正的自我，也要讓你走到表現生命的下一個層次。

簡單地說，生命的目的是認識生命且表現更多的生命，經由生命的歷程，由生命的一切個體化展現出來，尤其是：你。

生命經由所謂變化的歷程，實現了它的目的。

也就是說，生命（神）總是在變化，才能開展它自己，而持續創造且重新創造他自身。

世上有許多人認為是神（而不是人）造成改變的，畢竟神是萬物的原因。但是真的是神做的嗎？有一個神（獨立於我們存在的至高存有者）可以這麼做嗎？如果有，為什麼他要造成一個改變，而不是另一個改變呢？爲什麼神要這麼做而不是那麼做？爲什麼是爲了某個人或計畫，而不是爲了另一個人或計畫？神的**判準**是什麼？

是的，有許多人認爲是神在拉槓桿，至於原因是什麼，只有神自己才知道，而他們也信仰「唯一眞正的宗教」（無論那是什麼宗教）。

這一切都是眞的嗎？「神」在拉槓桿嗎？或者生命其實是一個自律的歷程？兩個問題的答案都是否定的。神（至高存有者）並沒有在拉槓桿，生命也不是自律的歷程。

生命的殊勝正是在於，你作爲充滿自覺意識的有情眾生之一，有機會去創造自己的經驗和實在界，認識你外顯的自我，表現你未來的自我，根據你對自己的期許重新創造你的下一個自己。生命的殊勝正是在於，整個人類都有相同的機會！我們每天都在共同創造我們集體的實在界。

生命的殊勝在於那是個光榮的探險，也是個甜美的旅程，雖然我知道對於很多人而言，似乎不盡如此。當我看到其他人的苦難，的確會懷疑生命的殊勝，懷疑宇宙是否對我們友善，懷疑神到底是不是一個慈愛的神。

我們先前已經談過這些，我也給了答案。然而我的心仍然時常會困惑而沉重，而唯有我的靈魂才能在我見證他人生命的陣痛當中保持平靜。

爲什麼有陣痛？即使我有了答案，仍然時常會問自己。**爲什麼有悲劇？**我在悲泣。

而那「唯一的靈魂」回答說：

還是一樣，我溫柔而慈悲的靈魂啊，你不必也無法知道另一個幸福的「神的個體化」有什麼樣的「靈魂功課」。但是當我告訴你說，在靈魂的層次上，沒有任何神的面向被犧牲或受損害，你卻不可以不相信。我知道在人類的層次上，的確有傷害和犧牲的存在。然而我要告訴你：外在的顯象只是存有者的內在旅程的一部分，不能完全以人類的角度去解釋或理解，因爲人類當下的視野是很有限的。然而他們的視野卻可以轉變。而且也將會轉變。每個人都是另一個「轉變者」，都是另一個致力於能夠改變一切變化的人。

「唯一的靈魂」給我靈感，而寫下這段話：

我看看是否可以給你瞧瞧比你以前所見到的更高更複雜的眞理。你曾經爲自己、爲別人，或是爲了某個原因，而做了傷害自己的事（爲了更高的善，你還是做了）？

我思索了片刻。我想到我爲自己做了一些事，「看起來」傷害了我，但是終究是

「對我有好處的」。很快我又想起更多的例子。

接著我想到我為了別人做了一些對自己一點好處也沒有的事，甚至是對我有傷害的，但是我還是做了，因為我愛他們或那些計畫。同樣的，我又想到更多的例子。

於是，「唯一的靈魂」又給我靈感，寫下這段話：

你開始明白靈魂也在做相同的事了嗎？你是否覺得靈魂存有者之所以這麼做，只是它們旅程的一部分，以推動他們自己或其他靈魂的演化？

我必須承認我茅塞頓開。驀然間我在腦海裡看到一部「影片」。我不由得想像我自己的靈魂和另一個靈魂互換。我看到自己走在一個城市的人行道上，看到一個街友倚牆而立，衣衫襤褸，頭髮似乎好幾個星期沒有洗而顯得很油膩，味道難以形容……

我和那街友擦身而過，她伸出一只紙杯。「給我一點零錢好嗎？」她喃喃地說。

我對自己說，她大概一個星期有六天待在這裡吧，應該混得很不錯。如果你知道一個星期可以在這裡討得多少錢，為什麼要傷腦筋去工作呢？我沒多瞧她一眼就走過去……但是我回頭走向她，脫口對她說：「告訴我，為什麼妳不和別人一樣找個工作，而要站在這裡行乞呢？」

「如果我去找工作，」那個女街友說：「那麼誰會站在這裡，讓你看到你眞正的自我呢？」

她的回答讓我很驚訝。

我只能沉默以對。

現在我要你也沉默一下。想一想她的話。你有什麼感覺？你會如何直覺回應？在你接著讀下一章以前，當你準備要接受「最後的改變」的時候，請你思考一下。

「對我現身吧。」
我對神說。

以下是接下來發生的事：

我懷裡充滿了光。
我的眼睛既是日出也是日落。
雀斑說它們是行星和恆星，
在我臉頰放光明。
我的唇是給他人的吻，
我的耳朵聽見生命的海洋。
我的兩眼之間是靛藍的輪子，
我的腳趾之間是金色的田地。
我的雙手憶起蔓藤，
我的頭髮，戀人的手指。

於是我低聲說：
「你為什麼如此造我？」
他告訴我說：

「因為我以前沒有你的名字，

也沒有聽過你唱歌。
也沒有以這樣的眼睛凝視宇宙。
也沒有這樣笑過，也不曾感受過這樣的淚痕。
因為我不知道這些神遊物外。
也沒有升到這高度，也沒有經驗過你用來創造萬物的純真聲音。
也不知道心靈可以長得如此狂野，
或是如此容易心碎，
或是愛，
如此不講道理。」

——艾姆・克萊兒〈不講道理〉（'Unreasonably' © 2008 Em Claire）

第二十四章

第九個改變

這是我的理解：有些靈魂共同創造顯然（在人類層次上）對他們有害的經驗。沒有人知道爲什麼他們這麼做。

或許他們這一生是要經驗在上一生對他人所做的事的「另一端」。

或許他們是爲了替整個生命戲劇的某個「場景」提供「演奏者」或「演員」，演出許多人共同實現的戲。（我想到在九一一的悲劇裡喪生的人們……如同在猶如大屠殺裡數百萬個受害者。）

那死於飢餓或性侵害的人們，或是生活充滿坎坷、痛苦和悲傷的人們，我無法知道，也無法假裝我知道他們的靈魂計畫。

我只能爲他們哀傷，同情他們的不幸，心裡不願意有任何人受苦或被虐待，而如歐瑪列所說的，就讓我心碎，因爲當我心碎的時候，我的心也打開了。我只能爲他們好好活著，爲他們的苦難、他們的旅程，以及他們的靈魂在旅途上的選擇，好好活著。

於是我可以決定在與他們的關係當中，我究竟是誰。

在與挨餓的孩子們的關係當中，我是誰，我選擇成爲什麼樣的人？在與被壓迫、被蹂躪的人們的關係當中，我是誰，我選擇成爲什麼樣的人？在與不滿於現實、處於困境、無辜的、被社會拋棄的、一無所有的、沒有公民權的人們的關係當中，我是誰，我選擇成爲什麼樣的人？

那就是我的問題。那就是生命給我的決定機會。而在與我難以置信的好運、我的天賦、我得以培養的才能、我的仁慈、我的機會、我的聰明才智、我所經驗到的成就的關係當中，我究竟是誰，我選擇成爲誰？

在那個關係當中，我要成就什麼樣的生命，以及我的神聖自我？那就是我的問題。那也是生命給我的決定機會。我所過的生活就是我的決定和答案。

你也正面對著相同的機會。我很清楚。宇宙與你同工。它無時無刻都將正確而完美的人、環境和情況擺在你面前，好讓你去回答生命唯一的問題：我是誰。

你決定好了嗎？

我確定你知道任何事都有兩種決定方式。那就是作決定和不作決定。你要記得：不

作決定也是一種決定。

重要的是，不要根據預設值去定義你自己。如果你認為你不作任何決定就是不作決定，那麼你就錯了。如果你一個不小心，你作的最大決定就會是你不曾作過的決定。

所以我們要搞清楚：生命的一切都是一個決定。你正在作決定……以你所接納的一切眞理，你所孕育的一切思維，你所表現的一切情緒，你所產生的一切經驗……你正在決定你是誰，以及你選擇成為誰。

每個行動都是自我定義的行動。

人類集體經驗的所有改變都是經由人類的集體經驗創造出來的。而你的每個生命經驗裡的改變，也是經由你的每個生命經驗創造出來的。我說過而且要再說一次：生命是以生命自身的能量為泉源的能量。生命是自給自足的、自我創造的。生命以它本身的歷程告訴自己關於生命的一切。

當你的生命有了改變，那是因為你生命裡有某個東西行不通了，**而你尋求改變它**。或許你不認為如此，或許你沒有意識或覺知到你在這麼做，但是我跟你保證，你眞的是這麼做的。你和那些與你共同創造的人們。

我舉個例子告訴你那是怎麼發生的。

有個人每天下班以後總會把辦公室裡不愉快的心情帶回家。他開始討厭他的工作，厭惡他的主管，鄙視他的同事，瞧不起整個公司。但他是個聰明人，他還沒有找到新工作，於是只能想辦法把他的眞實感覺隱藏得很好。他謹言愼行，既不批評也不嫌惡公司，就像個忠誠的模範員工。

幾個月之後，他突然被解雇了。公司縮編，於是讓他捲舖蓋走路。他不明白爲什麼。**他做了什麼咎由自取的事嗎？**沒有。答案是他什麼也沒有做。但是他的確**創造**了這個結果。他的負面能量儘管藏在心裡，卻創造了一個能量場，而導致這個突如其來的下場。

你相信嗎？你相信會有這種事發生嗎？相信我。**就是這麼一回事**。

「一個人心裡想什麼，他就是什麼樣的人。」如果他日日夜夜心裡想著：「我討厭這個地方，但願我早點離開這裡。」他的願望就會成眞，即使他隻字不提。就像瓶子裡的精靈跑出來一樣，它說：「你的願望我必服從。」

現在我們回到你自己的處境。不同於剛才那個討厭自己工作的男子，你現在的生命問題是你不希望（即使只是私底下）發生那個改變。那一切都違反你的**意志**。那麼怎麼會這樣呢？

很簡單。你或許不希望有這個改變，但是在某個層次上，你或許早就知道它很可能會發生。那不是微不足道的認知，在你心裡，那是個很重要的認知。

創造那強大能量的，是你的認知，而不是你的願望。其實，**認知**每次都戰勝**願望**。那是因爲認知有強大的力量作爲奧援。願望只會懦弱地哭哭啼啼。「認知到一種確定性」是一種足以移山塡海的信念。有句話說：「你知道什麼，事實就是什麼。」

你可以希望贏得百萬美元的彩券，但是如果你**知道**你機會渺茫，那麼你就眞的沒什麼機會。你或許希望和一個校花約會，但是如果你**知道**你機會渺茫，那麼你就眞的不會有什麼機會。你或許會希望安然度過生命中的巨變，但是如果你**知道**你沒什麼機會，那麼你就眞的沒有太多的機會。

唉呀，是啦……「但願能夠心想事成……」

沒錯，希望是個好的開始。小蟋蟀（Jiminy Cricket）說的對。但是到頭來，你必須讓願望變成一種意識，也就是意識到你的願望終將成眞。你必須**知道**它會成眞。

但是如果到頭來不是這樣，你要怎麼告訴自己呢？你必須時時記得你總是在三個創造層次上創造：潛意識的層次、意識的層次，以及超意識（super-conscious）的層次。在超意識的層次上，你和其他靈魂共同維持宇宙的均衡，好讓完美的條件存在，讓靈魂演化到最高的層次。

所以說，你產生的實在界，你在這一分鐘裡經驗到的變化，並不是你獨自創造的，而是你和其他人共同創造的。在你生命遊戲裡的其他「球員」和你一起創造它。你們一起創造出結果來。而你們許多人都知道原因何在。它其實是爲了你們所有人的計畫。

一切都是爲了最大的善。

當你知道一切都是爲了最大的善，那麼你就能夠隨順自在。弔詭在於，**當你能夠隨順一切，你便設置了一個宇宙平靜和諧的能量場，讓宇宙的吸引力法則爲你的生活增添平靜與和諧**。

你的靈魂知道共同創造的歷程絕對不會侵犯到任何人的個別意志。任何事都不會和你的內在意志互相牴觸。即使是你的死亡也不會。**尤其是**你的死亡。（拙作《與神回家》〔*Home with God: in a Life That Never Ends*〕對此有詳盡的探討。）

既然明白了你是誰（神的個體化），任何事就不會牴觸你的最高欲望。生命的各種因陀羅網總是相互輝映。因此，你總會在某個層次和所發生的一切和諧共處。如果說它發生在你身上，那麼它也必定是經由你發生的。

此即爲什麼靈魂從來不會不快樂。如果靈魂總是得到它所要的東西，它爲什麼要不快樂呢？

它爲什麼想要它所得到的東西，那是另一個問題。答案是：總是有個和靈魂的演化欲望有關的理由。有時候靈魂放棄心智想要的東西，以滿足其他人的需要，或是某個情況所需，因而能夠最快速地演化。心智或許會快快不樂，但是靈魂不會。

所以你不必自責，不必爲你所造成的負面生命結果（無論是有意或無意的）感到內疚。如果你不知道這些結果有其更大的理由，你應該同情自己，並且爲了自己能夠正視它們而自豪，也要恭喜自己總算找到某個方法去經歷這一切，也要慶幸你的某個部分終究能夠明白它們對你有什麼**好處**。

當你找到最後的結論，你就會改變對生命的想法。你會把生命以及生命裡的一切都視爲機會而不是阻礙；視爲幸運而不是不幸；視爲禮物而不是痛苦。而你對於生命本身的態度，會在生命裡頭**改造**它自己。

在你改變對於生命及其目的的想法以後，你只差一步就能夠改變你對於你自己的想法，也就是改變你的本性（identity）。

做到了這點，你就會改變一切。那正是你想要做的。

現在，沉思片刻。

（呼吸的空間）

當你準備好了，請接著讀本章的……

走回家

莎士比亞說得好：

何瑞修，天地間有許多事超乎你的哲學想像之外。

我們九個改變裡的最後一個改變，其實也可以當作第一個改變。如果整個人類都轉變到這個新思維、對於生命經驗的新看法，那麼世上每個人的生活就會澈底蛻變。現在我要你做這最後的改變。也就是……

＊

第九個改變：

改變你的本性。

＊

在我小時候（從我八、九歲直到我離開原生家庭），我父親不斷問我相同的問題，每兩個星期就問一次：

你以為你是誰……？

他的問題有挫折感的意味，但是如果他覺得挫折，他應該試看看我的世界！我不知道我是誰，也不知道我在這裡做什麼，更不明白生命的目的是什麼，以及為什麼是這個樣子。我既不明白也不以為然，一點也不想要它。然而放棄生命並不是個好主意。（其實有時候我很想自殺，現在我很高興我走過那些日子，而沒有結束掉最寶貴的靈魂經驗。當然，我的路有一點顛簸，有一點崎嶇。但是我撐過來了。神啊！謝謝你。）

我盼望某個地方可以找到答案；有個理由可以解釋一切；讓一切顯得有意義。我以為那只是因為我還不明白某個東西，如果我懂了，就會改變一切。

在我與神對話以後，我知道我永遠也無法在心智的「過去的資訊」裡找到「那個東西」。我知道我得和更大的來源連線。我知道我必須在固定的基礎上和我的靈魂交流。我以自己的方式去做了。我說過有很多冥想方式。我先前所講的方法是讓心智安靜下來，而和靈魂連線。但是那不是唯一的辦法，也不一定是最好的。

有很多人覺得很難靜坐。他們覺得「靜坐法門」對他們沒什麼效果。很久以來，我也有相同的感覺，因為我不是個很有耐心的人，所以也不耐久坐。於是有人介紹我「行禪」，讓我對「冥想」的看法完全改變。突然間，它對我很有用。

當我開始學習「行禪」，我對冥想的種種看法完全不見，而對於眞正的冥想有更清晰扼要的圖像。對我而言，冥想意味著「摒除一切知見」，保留一點空間，好讓「空性」現前，好讓我意識到「空即一切……」。

我以爲那就是「空掉我的心智」。我以爲我該找個地方坐下來，閉上眼睛，「什麼也不想」。我簡直被搞瘋了，因爲我的心智怎麼也無法關機！它總是在**思考某個東西**。我總是無法好好盤腿靜坐，閉上眼睛，繫念於「無」。我覺得很挫折，幾乎不再靜坐，只能羨慕那些說他們做得到的人。（雖然我私底下會懷疑他們是否眞的做得到，或者不比我好到哪裡去。）

後來，我生命裡的一位導師告訴我說，我對冥想的觀念完全錯誤。她說，冥想和「空性」無關，而是「專注」。她建議我不要靜坐，也不要什麼都不想。她建議我修習「行禪」，到處走動，然後停下來**專注於**我眼前的某個東西。

「觀想一根草。觀想它，仔細觀察它。繫念在它身上。觀想它的每一面。它看起來是什麼樣子？有什麼特徵？摸起來有什麼感覺？它有什麼香味？和你比較一下，它的大小如何？仔細觀察它。它告訴你關於生命的什麼東西？」

接著她說：「**澈底體會那根草**……脫掉鞋襪，赤腳走在草上。除了你的腳，什麼也不要想。念頭放在腳底，觀想你的感覺。告訴你的心智，不要感覺其他東西，而只感受那個當下。不要管其他輸入的資訊，除了腳底的感覺。閉上眼睛，如果那對你有幫助的話。

「輕步徐行，讓每一個腳步告訴你關於草的一切。接著睜開眼睛，環顧周圍的草。不要管其他資訊，除了你的眼睛和腳底的感覺。

「現在繫念在你的嗅覺，看看是否聞得到草的氣味。不要管其他資訊，除了你的鼻子、眼睛和腳底的感覺。看看你是否可以如此念住。如果你可以的話，你對於草就會有全新的經驗。你會在更深刻的層次上對於草有全新的認識。以後你不會再有相同的經驗。你會明白原來你一輩子都對草視而不見。」

我的導師接著要我如是觀察花。「觀想它。仔細觀察它。**繫念**在花上面。觀想它的每一面。它看起來是什麼樣子？它有什麼特徵？摸起來有什麼感覺？它有什麼香味？和你自己比較一下，它的大小如何？仔細觀察它。它告訴你關於生命的什麼東西？」

接著她說：「**澈底體會那朵花**。拿到你的鼻子前面再聞一次。除了你的鼻子，什麼也不要想。專注在你的鼻子，深刻地觀想你的經驗。要你的心智暫時不要經驗別的東西。不要管其他資訊，除了鼻子的感覺。閉上眼睛，如果那對你有幫助的話。

「現在專注在你的觸覺，輕輕撫摸花朵，同時嗅一嗅。不要管其他資訊，除了指尖和鼻子的感覺。現在，睜開你的眼睛，仔細觀察花。看看是否還聞得到它，因爲它已經遠離你的視線。看看你是否可以如此念住。如果你可以的話，你對於花朵就會有全新的經驗。你會在更深刻的層次上對於花有全新的認識。以後你也不會再有相同的經驗。你會明白原來你一輩子都對花視而不見。」

接著她要我觀察一棵樹。走到一棵樹前面，並且觀想它。「仔細觀察它。繫念於它。觀想它的每一面。它看起來是什麼樣子？它有什麼特徵？摸起來有什麼感覺？它有什麼香味？和你自己比較一下，它的大小如何？仔細觀察它。它告訴你關於生命的什麼東西？」

接著她說：「**澈底體會那棵樹**。用你的手摸它。除了你的手，什麼也不要想。專注在你的手，深刻地觀想你的經驗。要你的心智暫時不要經驗別的東西。不要管其他資訊，除了雙手的感覺。閉上眼睛，如果那對你有幫助的話。

「現在專注在你的嗅覺，聞一聞那棵樹。當你聞那棵樹時，持續撫摸它。不要管其他資訊，除了指尖和鼻子的感覺。現在，睜開你的眼睛，仔細觀察那棵樹。抬頭望著它，看看是否可以在意識裡爬到樹梢。看看你是否還聞得到那棵樹，因爲它已經遠離你的視線。看看你是否可以如此念住。如果你可以的話，你對於樹木就會有全新的經驗。你會在更深刻的層次上對於樹有全新的認識。以後你也不會再有相同的經驗。你會明白原來你一輩子都對樹視而不見。

「現在，離開樹，不要再摸它。站在遠方望著它，看看你的心智是否能夠回憶那個經驗。澈底體會它。如果你在那麼遠的地方還能聞得到，不要太驚訝。如果你可以從那裡『摸得到』那棵樹，你也不要太驚訝。那只是因爲你對樹的振動**敞開你自己**。你正在『接收振盪』。看看你站得多遠而還能保持『接觸』。如果你失去了對樹的觸覺，那就走近一點，看看會不會重拾觸覺。」

她說：「這些練習可以讓你**在更高的層次上專注於你想要經驗到的東西**。」

「現在，去走一走。不管你住在哪裡，在城裡或鄉下都沒關係。慢慢走，但是要很自在。接著環顧四周。當你的視線落在某個東西上面，就專注在那個東西。什麼東西都好。垃圾車、路標、人行道上的裂縫、馬路旁的小石頭。從你所在之處，仔細觀察它。觀想它的每一面。它看起來是什麼樣子？它有什麼特徵？從你所在的地方，摸起來有什麼感覺？它有什麼香味？你可以從你站著的地方感覺到嗎？和你自己比較一下，它的大小如何？仔細觀察它。它告訴你關於生命的什麼東西？

「繼續走。一路找三個東西如是思惟。至少要半個鐘頭。剛開始的時候，你至少要半個鐘頭才能觀想三個東西。以後你可以在一彈指間就觀想一個東西。但是現在你得持續練習。

「這就是『行禪』。如此你可以訓練你的心智再也不要忽略它所經驗到的一切。你可以訓練你的心智專注於你的某個經驗層面，好讓你徹底體會它。」

我的導師說，如是修習「行禪」三週，「你對生命就會有全新的經驗」。然後修習「行禪」的最後一步。走到外面，或是走到內心去。你可以走到任何地方。從臥室到廚房也行。那就有夠多的東西可以看、可以觸摸、可以經驗。光是地毯，就可以花三個鐘頭，而這次她說：「不要只觀想你所見到或觸摸到的任何部分。試著和它的一切相遇。試著接受它的一切。試著同時專注於它的一切。

「捕捉『大畫面』。首先閉上眼睛，如果那對你有幫助的話。聞一聞，聽一聽，『摸一摸』周圍的空間。然後睜開眼睛到處看看，不必看任何特定的東西。觀看一切，聞一切，觸摸一切。如果你覺得太震撼，那就重新繫念在它的某個部分，以免失去心靈的平衡。

「練習久了，你就可以走到任何空間或地方，在某個層次上經驗『它的一切』。你會明白，你其實就是在『走回家』。你已經提升了你的覺知。你已經提升了你的意識。你已經開展了完全安住於當下的能力。

「現在，閉上眼睛坐下來，你就是在『靜坐』了。就是這麼簡單。」

我的導師對我微笑。「在性愛上也試著這麼做。當你如是體會性愛，你再也不會想以其他方式去體會它了。你會發現你一輩子都忽略了什麼是眞正的性愛。」

接著她大笑。

接下來我會告訴你什麼是「止禪」（stopping meditation）。現在你先好好散個步。

我知道那不很禮貌，但是我要教你怎麼散步。

（呼吸的空間）

當你準備好了，你才接著讀到……

止禪

冥想有許多方式，當我明白這點時，那眞是個美妙的發現。對我而言，最有力的冥想形式，是我所謂的「止禪」。原因在於它可以在任何地方練習，而且只要一點點時間就夠了。因此，它很適合「忙個不停」的人們。

「止禪」的意思也正是如此。我的意思是說，我們暫時放下手邊的事，專注於關於它的某個東西。我們在那個當下分解它，仔細觀察它的個別片段。

它和「行禪」有點不同，它不必花半個鐘頭或更久的時間。在「行禪」當中，我們刻意地專注於某個刻意的經驗而刻意地散步。在「止禪」裡，我們不必花那麼多時間，但是也有相同的效果：**專注**。

在任何忙碌的日子都可以練習「止禪」。它結合「靜坐」和「行禪」，而創造了很有力的「工具三重奏」，澈底改變你的實在界，瞬間提升你的意識。而即使只作爲一種冥想形式，它仍然具有轉化力量。

「止禪」的方法如下：暫停手上的工作，每天六次，每次十秒鐘，仔細觀察且繫念在它的組成片段。

例如說，你正在洗盤子，在洗盤子的當下，暫停十秒鐘，深入觀察你在做的事的某個面向。例如說，看著水。看它如何沖洗盤子。看看你是否能夠數一數手上盤子的水滴。那就數一數水滴。我知道那是不可能的事，但是無論如何都試看看，只要十秒鐘。觀想水的美妙，深入觀察它。凝視它的內部。到你的意識裡去。看看你在那裡經驗到什麼，看看你發現了什麼。駐足片刻，並且以獨特的方式玩味那個片刻。

好了，十秒鐘到了。現在把自己拉出那個高度專注的實在界，回到你更大的經驗空間。不要「流連忘返」。快速眨動你的眼睛，折一折你的手指頭讓它啪嗟作響。注意你在那個片刻裡經驗到什麼。

現在繼續你剛才在做的事。但是如果它有完全不同的性質，也不要太驚訝。

你剛才是在眞正品味某個東西。所謂的「品味」，是開展它，增益它，就像財產一樣，品評它的價值。當你使用「止禪」的時候，你會增益你生命的價值，以及生命本身的價值。在我的經驗裡，它總是讓我回到一個平靜的地方。

你或許會需要一個鬧鈴，好提醒你每天練習六次。當你習慣以後，就會自然而然地放下工作，而不需要提醒。

當你走在街上，你會駐足片刻，找一個剛才看到的東西，以更深刻的方式重新觀察它。你會認識到你以前已經認識的東西，但是以更深刻的方式去認識它。這就是所謂「重新認識」。你的生命的目的就是重新認識眞正的你。

認識的方法有幾千種。或許你在商店櫥窗看到自己的映像。或許你看到一輛公車經過。或許你看到街上的一隻狗，或是腳邊的小石頭。繫念在任何東西十秒鐘都可以。你只要暫停片刻，以不可思議的方式去品味那個片刻。

你也可以在性愛裡體驗一下。暫停十秒鐘，將那個片刻分割成若干部分，諦觀其中一部分。或許是凝視你女朋友的眼睛。或許是你正在感受或創造的激情。暫停片刻，以不可思議的方式去品味那個片刻。

我會有固定的時間練習「止禪」。做愛是其中之一。淋浴也是。吃東西的時候也是。從盤子裡挑一顆青豆或玉米粒。觀想它。品味它。澈底品嚐它。你的用餐時間會大不相同。你的性愛也會不一樣。而**你**也會不一樣。

這就是「止禪」。一天只要一分鐘。六十秒，分成六次十秒鐘。在那六個片刻裡，你可以創造「神聖的經驗」。

今天，放下你手邊的事。停下來。諦觀那片刻。你也可以閉上眼睛，專注於你的氣息聲音。體驗生命的能量如何流經你的身體，就在那當下，傾聽你的呼吸。觀察你自己深沉的呼吸。傾聽你自己，會讓你想要更深入地體驗它，如此你的呼吸會更深沉。那是很美妙而不可思議的事。暫停一下，可以讓你更深入。深入你的經驗，深入神的心智。

此即我推薦給許多人的冥想計畫：一、晨間練習行禪；二、每天練習六次止禪；三、晚間靜坐。

這些冥想的目的都是要創造專注力，讓你專注於你的經驗，讓你安住於當下。專注於當下，如此你才能夠擺脫昨天和明天。你並不存在於幻相裡。「當下」是你唯一的實在界，就在此時此地。

在那覺知裡，你可以找到平安。也可以找到愛。因爲平安和愛是同一個東西，當你深入「神聖的經驗」，你也會變成同一個東西。現在就練習「止禪」。很簡單，只要十秒鐘。現在……

放下書
十秒鐘後，繼續讀到……

你是誰？

我有另一個很好的老師，他教授觀想「誰」的禪法。每當你經驗到一個你不想要的情緒時，你就問：「誰？」

沒錯，問你自己：「誰？」問你自己：「誰在此時此地？誰在擁有這個經驗？」如果你正好獨處，不妨輕唱。它很有力量。深深吸一口氣，呼氣的時候，緩慢而有力地唱：「誰……？」延伸母音直到全部呼出氣息。接著吸氣再唱一次。如是重複三次。你會放慢你的振動，你那看不見的部分將會有機會「顯現」。

如果你和其他人在一起，或是在公共場所，你可以在心裡唱。或者問你自己剛才我提到的問題：「誰在擁有這個經驗？」

有許多的「你」充斥在你的內心世界裡，你當然可以認同其中任何一個。那裡有「小你」、「大你」、「受了傷的你」、「被療癒的你」、「嚇壞了的你」、「勇敢的你」、「無力的你」、「充滿力量的你」、「擔憂的你」、「自信的你」。但是我希望在你觀想「我是誰」的時候，你可以唱出對於你的大我和眞我的覺知。

你不是一個人，你不是那個叫作約翰・史密斯或瑪麗・瓊斯的人❶。你不是你的身體，你不是你的心智，你不是你的靈魂。它們是你擁有的東西。擁有它們的「你」，給與你的「自我」這些東西的「你」，大於它們任何一個東西，甚至大於它們的總和。

那個「你」是神，以個別形式存在的神。你是個體化的神性。你是神性的一個面向。每個人、每個東西，都是如此。

你在其中生活、呼吸，並且擁有你的存有的整個世界，就是天堂。神的王國並不是你渴望回歸的故鄉，你現在就住在那裡頭。你一直都在那裡，以各種方式。

那王國有三個領域：認知的領域、經驗的領域、存有的領域。你現在的意識正專注於經驗的領域，它也可以叫作物質的領域或相對的領域。你在這裡有一切工具讓你去經驗你來這裡要經驗的東西……也就是「眞正的你」。

你不只可以經驗它，你更可以重新創造它，當你對它有最宏觀的見解時。那是生命的奇蹟，你的榮耀。

❶電影《史密斯任務》裡兩夫婦的假名。

我知道，那是根據你對自己的思考的改變。那是根據你對生命的體驗的改變。那是會改變一切的改變。

你要讓這個改變持續下去，而不是一時的念頭。現在就讓它持續下去。因爲……

……那是會改變一切的改變。

「到外頭去玩！」
神說。
「我給了你宇宙作為自由奔跑的田野。
就在這裡，把你裹在裡頭，
那就是：愛
它總是讓你溫暖。
還有群星！太陽、月亮和星星！
時常仰望它們，因為它們會讓你想起
你自己的光！
還有眼睛……啊，凝視每個戀人的眼睛。
凝視彼此的眼睛
因為他們給了你他們的宇宙
作為自由奔跑的田野。
在那裡。
我給了你一切所需。
現在，到外頭去
去玩！」

——艾姆・克萊兒〈到外頭去玩〉（'Go Outside and Play' © 2007 Em Claire）

後記

終曲，但不是道別。

讀過手稿的人們、研習營和屬靈退省會的學員們，對這本書提出許多評論和問題，使得我必須澄清我所提供的「模型」的若干問題。我希望這些「補遺」可以為你「塡補空白」，如果你也有相同疑問的話。

有人問我：「在因果線裡，『信念』和『眞理』有什麼差別？」這是個好問題。我的回答是：它們在結構上沒有差別，差別是在於來源。一個人的「信念」和「眞理」都是**概念**。然而在我和你分享的模型裡，「信念」被理解為源自**知覺**的概念，而「眞理」則被理解為源自**資訊**的概念。

資訊是來自一個人過去的知識。它是心智所擁有的知識。知覺則是源自一個人的整個人生觀的知識，而其又源自一個人的觀點。如果你採取靈魂的觀點（包含過去、現在和未來的知識）而不是心智的觀點，那麼知覺會提供比單純的過去資訊更加開闊的視野。

也有人問我，在我的「因果線」裡，人們生活裡的「行爲」怎麼會導致「事件」。在丹佛的研習營裡，一位女士質疑我說：「我認識一對老夫婦，在家裡遭人持槍搶劫，被闖入的歹徒痛毆。那對夫婦到底做了什麼事，而招惹這樣的事件？」

於是我得更深入解釋「因果線」。

就我的理解，「因果線」裡有兩個未知變數，也就是行爲和事件。我稱他們爲未知變數，因爲它們在「因果線」裡頭的內容可以是單數（一個人所爲）或複數（整個人類）形式。

和觀點、知覺、信念有關的一切事物，都是我們以不明所以的理由接納的東西。接著是行爲和事件，它們可能來自我們自己的觀點、知覺和信念，也可能是來自別人的。

就在「因果線」裡，我們環境裡每個人的生活處境會有一種「滲漏」（bleed through）。這個「滲漏」對於我們生活裡的行爲和事件有集體性的影響。然而這並不意味著我們無法控制或創造我們的經驗和實在界。在事件發生以後，心智的構造再度成爲受奇特影響的設備，它會回到個人的資訊、眞理、思想、情緒和經驗，好創造個人的實在界。

因此，我們可以說，隆納・卡騰（我先前提到，他被誤認爲強暴犯）身陷囹圄十一年的事件，和他的行爲一點關係都沒有。是其他人的集體行爲造成了那個事件。然而在事件發生以後，他回到他非常奇特的因果線，產生了他自己的實在界，也就是說，他原諒了指控者，而且和她成了好朋友，一起寫書分享他們的經驗。我敢說在他的「因果線」開端的觀點對於他的實在界影響甚巨，由那個觀點也產生了他的知覺以及世界觀。

我承認這個模型仍然在發展當中。它是**不斷改變的**，在這本書裡不僅非常適用，而且是全書的重點。而且不只有研習營裡的學員才能給我新的見解。你也可以。

在 www.ChangingChange.net 網站上面，你可以叫出整本書的每一段每一行，點選任何一句話或一個字，貼上你關於它的問題或評論。可能已經有其他人在同一個段落貼了問題和評論，或許將來會有人和你在網路上討論。

這本書是要成爲**有生命的文字**，而不是藏諸名山的論文，發表以後從未被質疑或挑戰。我很喜歡「互動書」的概念，我希望你也喜歡。

也有很多人問我：「我怎麼根據你的建議去改變呢？」他們想要知道怎麼開始。他們很認眞地問：「我現在該怎麼做？」他們聽到了教誨，看到了目的地，但是不知道怎麼到達那裡。

爲了陪伴你走這一段路，我們開展了「改變變化計畫」（Changing Change Program）。那是個不同凡響的資源，它會一步一步**帶你走過**生命的蛻變。

該計畫的第一部分是「開始行動」，它非常有效，足以在你的生活裡產生立竿見影的改變。

計畫包含「你現在可以這麼做」；激勵生命的問題；實踐上的建議；心理的、靈性的和情緒的工具；腳踏實地的指導；以及**個人的教練**。還有經驗分享。

我得澄清一點。你不需要「改變變化計畫」才能實踐本書所說的見解。它已經給了你開始行動所需的一切知識，它解釋了心智的構造、靈魂的系統，讓你有機會以它們做實驗，看看那是否有道理或對你有用。「改變變化計畫」是爲了那些想要深入本書所說生活的人們提供補充說明，他們眞的把這一切視爲一種**修行**，例如我的太太艾姆。

不管有沒有「改變變化計畫」，我相信要做到五件事，才能實踐「改變一切的九個改變」：

一、絕對地想望
二、澈底地理解
三、完全地接受
四、持之以恆地實行
五、廣泛地分享

第一，你必須想改變你的生命，以及你體驗生命的方式。神的每次創造都是始於欲望。欲望愈強，就愈可能實現。欲望是一個情緒，而情緒是**宇宙的創造力**。這就是爲什麼許多人覺得無法控制他們的情緒。深深地想望。這是第一步。

第二，你現在有了用以轉變你的實在界，並且改變你對於變化（它當然是指你的生命的變化，因爲生命就是變化，變化就是生命）的經驗的完整方法。仔細研究這本書，如果有任何不明白的地方，就到 www.ChangingChange.net，利用那裡的資源幫助你理解。本書討論到的「改變變化計畫」，並不是唯一能夠澈底而美妙地改變你的人生的方法，但那是一個方法。**不要輕忽它**。

第三，你不能只是部分地參與。我想起小雞和豬的故事。有一天他們走在路上，遇到一個看板，上面寫著：**火腿和蛋，美國最愛的早餐！**小雞轉頭對豬叫道：「你瞧，你不覺得很驕傲嗎？」豬回答說：「你說的倒容易。對你而言，你只是部分參與，而我卻要完全奉獻。」

你必須完全奉獻。你不只是接納部分的概念，而是要接納全部的概念。因爲它們是首尾呼應的，由一個概念推論出另一個概念，而形成有意義的整體。你不能像在咖啡店裡點餐一樣，這裡挑一個概念，那裡挑一個想法。它是正餐。

第四，改變你的生命就是改變你的生命；那不是決定改變你的生命，也不是談論如何改變你的生命，或是閱讀如何改變你的生命的東西。「改變變化計畫」不只要求你完全接納這裡的概念，而且要時時刻刻持之以恆地應用。雖然那似乎是很辛苦的事，但其實不是。它也可以是純粹的喜悅（回頭看也總是如此）然而你必須知道它需要什麼東西。

有一天，一位禪師上堂示眾，某僧問他說：「師父，你已經教了我們好幾個月了，我們卻沒有人開悟。我們該怎麼辦？」

禪師微笑說：「你們必須取個漉水袋到海邊裝滿水。」

僧人不明白其意，心想：「他不是眞正的禪師吧。每個人都知道無法以漉水袋盛水，因爲水會漏光。他的禪法也是一樣。聽起來很好，但是會漏光光。」於是僧人們都離開他。

除了一位比丘尼。她說：「師父，我知道問題不在於你的禪法，而在於我的悟性。請幫助我開悟吧。」

禪師很慈悲地說：「跟我來。」他帶她到店裡買了一具漉水袋，接著帶她到海邊。「好啦，將漉水袋裝滿水。」

求道心切的比丘尼到水邊以漉水袋汲水。但是當她回到禪師那裡時，水卻都漏光了。禪師笑說：「將漉水袋裝滿水。」她知道禪師不會要她做她做不到的事，於是再試一次。她提著盛滿水的漉水袋飛快跑回來，但是水還是漏光。

「將漉水袋裝滿水，」禪師重複說，她上氣不接下氣地提著漉水袋跑回來，裡頭還是滴水不剩。「搞什麼嘛，」她大叫。「我受夠了！我受夠了習禪的生活！」她憤怒地將漉水袋拋在空中，跺著腳離開。

「等一等，妳瞧，」禪師叫她。

比丘尼轉頭看到漉水袋飄在海面上……不久後就隱沒了。禪師走向比丘尼說：「妳不能到處汲水。問題不在於汲水和奔跑。妳必須將自己丟下去。妳必須完全浸淫其中。」

於是比丘尼就省悟了。

第五，和識途老馬同行，可以讓你一路順利一點。你不必「自己一個人面對」。你可以先得到幫助，然後你也可以幫助別人，加入由世界各地的人們組成的網路社群，互相提攜扶持。

艾姆和我設立了這樣一個網路社群。我提了好幾次，那就是「改變變化網路」，設在www.ChangingChange.net。

你可以在那裡找到許多對你的當下或未來很有幫助的資源：

- 問答部分：你可以貼上任何讀書心得或問題，並得到回答。
- 個人互動區：是你的個人「桌面」，你可以在自己的線上日記裡追蹤你的際遇，寫下你的直接體驗。
- 「改變變化網路」留言板：你可以和其他會員互動，分想評論和觀察，在你改變生命的時刻，也可以提供或得到建議和支持。
- 影音短片：關於《與神對話》系列的種種主題。
- 補充資源部分：羅列在你面對生活裡的重大變化時很有幫助的書籍、人和組織。
- 定期貼上相關的文章。
- 「改變一切研習營」的課程以及「改變變化網路」會員種種優惠。
- 網路支援中心：資訊、協助、參考文獻、人和組織，有助於你的生活轉型。
- 常見問題和補充說明區：仔細探討本書的問題。
- 「如何度過生活裡的巨變」區：會員們可以在這裡貼上他們的故事。

以上都是免費服務。你也可以訂閱「改變變化研習手冊」以得到進階的互動，或是註冊付費的「改變變化個人計畫」，是爲期八週的線上課程。

就我所知，我們都在改變的當下。那是我們的工作，而不只是你的或我的。如果我們共同致力於個人的轉化，那麼我們不只可以轉化我們自己，更可以轉化整個世界。如果我們只轉化自己而不轉化別人，那麼我們也不會走得多遠。因爲我們是一體的（《與神對話》的第一個訊息）。我們爲別人做的事，也是爲我們自己做的，我們無法爲別人做到的事，也就無法爲自己做到。

如果我只提昇「大我」裡一個叫作「我」的部分，那麼我並沒有提昇「大我」。那是個好的開始，但也只是個開端。到頭來，如果別人沒有被提昇，那麼我只是療癒了六十億分之一的部分。那猶如原本想要治療你的身體，最後卻只療癒了手指頭的一個細胞。那只是個開端，但不是一切的終點。

那就是爲什麼我喜歡說：「那是我們的工作，否則它就行不通。」

好消息是：療癒是呈指數成長的。能量不是以等加級數增長，而是以等比級數。因此，讓整個文化接受全新的經驗不只是可能的，甚至是非常可能的（以現在的交流速度來看更有可能）。唯一的問題在於：**我們要走向什麼樣的文化？**也就是說，**我們要創造什麼樣的未來**。

一切都已經在變化當中，如果我們要以我們決定的方向去改變，我們**就必須改變一切**。

那麼就從你自己開始，然後感動別人。

這就是我的一些感言，但那不是道別。我誠摯希望你能利用「改變變化網路」的許多資源，我們就可以保持聯繫。

我還要給你以下補充資源：

www.EmClairePoet.com 是本書裡題詩的網站。

www.MaryOMalley.com 一個很棒的老師以及人生旅程的指引。

www.NealeDonaldWalsch.com 作者的個人網站。

www.cwg.org 與神對話基金會網站。

www.SchoolOfTheNewSpirituality.com 以《與神對話》內容爲基礎的全球教育運動。

以下是我的〈致謝〉和〈題獻〉，通常是會置於一本書的開頭。

我把它們放在書末，是希望你能和我好好對話，而不必勉強讀一堆東西。然而那不表示我不重視它們。我要深深感謝在〈致謝〉和〈題獻〉裡提到的人們。

致謝

我讀過若干令人嘆爲觀止而改變了我的生命的作品，我要公開感謝他們，其中有些人和我也有私交。如果書裡頭的某些觀念有一點價值，那不是因爲我很厲害，而是因爲那些眞知灼見的人們給我的啓迪。

他們是：

亞倫・柯恩（Alan Cohen）
泰瑞・柯爾惠特克牧師（Rev. Terry Cole-Whittaker）
威納・艾哈德（Werner Erhard）
萊曼・葛利斯沃（Lyman W. Griswold）
珍・休斯頓（Jean Houston）
芭芭拉・馬克斯・胡巴德（Barbara Marx Hubbard）
傑洛德・詹波斯基（Gerald Jampolsky）
拜倫・凱蒂（Byron Katie）

伊莉莎白・庫布勒蘿絲博士（Dr. Elisabeth Kübler-Ross, MD）
李承憲博士（Dr. Ilchi Lee）
艾克哈特・托勒（Eckhart Tolle）
丹尼斯・威佛（Dennis Weaver）
瑪莉安・威廉遜（Marianne Williamson）

讀了這本書，你經由聽到他們的話，他們的觀念也流到你心裡。如果沒有這些導師，我不可能有任何概念、想法和啓發。在此我要致上最深的感謝。

我特別要感謝貝絲和傑瑞這對夫婦（Beth and Jerry Stark），我的岳父岳母，他們是我所認識最好的人。他們以慈祥、寬大、體諒、關愛去照顧他們周遭的人們，以耐心、理解、原諒和接受，讓我成爲更好的人，不只告訴我說我可以，而是告訴我說我們都可以。他們的女兒，我的太太，就是「他們是誰」的最好見證。

題獻

我知道每本書習慣上都得題獻給他們的生活伴侶，但是不是很多作者會題獻給他一生中所有的生活伴侶。我必須這麼做，因爲她們每個人都曾經幫助我覺醒、理解和成長。我必須請求她們原諒我曾經犯的過錯，更要感激她們。妳們知道我是誰，如果不會侵犯妳們的隱私的話，我會告訴全世界妳們是誰。謝謝妳們，謝謝妳們給我的一切，以及在我努力成長時爲我受的苦。

我特別要感謝一個不平凡的女人，她出現在我生命裡而給了我禮物……我的妻子和靈性伴侶，在我人生的最後旅程裡。

我的愛，我的另一半，我無法形容妳的美好，妳在每一刻給我的喜悅，妳療癒的撫觸，妳溫柔的存有，妳聰明的心智，妳寬大的心靈，以及妳的靈魂的深刻智慧。我和妳的朝夕相處，是我不可思議的幸福。

我要把這本書獻給妳

艾姆·克萊兒

因爲妳
改變了一切。

國家圖書館出版品預行編目資料

與改變對話/尼爾・唐納・沃許(Neale Donald Walsch)著；林宏濤譯.
--初版. -- 臺北市：商周出版：家庭傳媒城邦分公司發行, 2010.04
面；　公分.（Awake；42）
譯自：When everything changes, change everything

ISBN 978-986-6285-43-1（平裝）

1. 調適　2. 自我實現　3. 靈修

177.2　　99003300

Awake 42

與改變對話

原著書名／When Everything Changes, Change Everything
作　　者／尼爾・唐納・沃許（Neale Donald Walsch）
譯　　者／林宏濤
企畫選書／陳玳妮
責任編輯／陳玳妮

版　　權／林心紅
行銷業務／林秀津、蘇魯屛
總 編 輯／楊如玉
總 經 理／彭之琬
法律顧問／台英國際商務法律事務所　羅明通律師
出　　版／商周出版
臺北市中山區民生東路二段141號4樓
電話：(02) 2500-7008　傳眞：(02) 2500-7759
E-mail：bwp.service@cite.com.tw
發　　行／英屬蓋曼群島商家庭傳媒股份有限公司城邦分公司
臺北市民生東路二段141號11樓
書虫客服專線：(02)2500-7718；2500-7719
24小時傳眞專線：(02)2500-1990；2500-1991
服務時間：週一至週五上午09:30-12:00；下午13:30-17:00
劃撥帳號：19863813　戶名：書虫股份有限公司
E-mail：service@readingclub.com.tw
歡迎光臨城邦讀書花園　網址：www.cite.com.tw
香港發行所／城邦（香港）出版集團有限公司
香港灣仔駱克道193號東超商業中心1樓
電話：(852) 25086231　傳眞：(852) 25789337
E-mail：hkcite@biznetvigator.com
馬新發行所／城邦（馬新）出版集團
Cité (M) Sdn. Bhd.
41, Jalan Radin Anum, Bandar Baru Sri Petaling,
57000 Kuala Lumpur, Malaysia.
Tel: (603) 90578822　Fax: (603) 90576622　Email: cite@cite.com.my

封面設計／黃聖文
排　　版／浩瀚電腦排版股份有限公司
印　　刷／韋懋實業有限公司
總 經 銷／聯合發行股份有限公司
地址：新北市231新店區寶橋路235巷6弄6號2樓
電話：(02)2917-8022　傳眞：(02)2911-0053

■2010年4月6日初版　　Printed in Taiwan
■2018年7月16日初版15刷

定價／280元

978-986-6285-43-1

城邦讀書花園
www.cite.com.tw